不登校を解決する条件

中・高生を中心に

石川瞭子 編著

青弓社

不登校を解決する条件——中・高生を中心に／目次

装画——平松尚樹
装丁——村山 守

まえがき

不登校の解決は手段であり、目的ではありません。不登校を解決することで開かれた可能性を手に入れて、自分らしい人生をその子が歩むことが目的です。

家族は不登校を解決するための手段ではありません。家族の目的は家族です。家族であるために、そして家族らしい家庭であるために不登校を解決するのです。

学校は不登校を解決することが目的ではなく、学校であるために不登校を解決するのです。不登校の解決は学校であるための手段です。

ですから、不登校を解決したからといって両親の仕事が終わるわけではありません。また、不登校を解決したからといって学校の仕事が終わるわけでもありません。むしろ不登校を解決してからが始まりです。家庭たりえる家族であり続けるために。学校が教室たりえるために。

不登校であるために自分らしい生活を送りにくくなっている子や、子が不登校であるために家族らしい家庭生活ができにくくなっている家族のために、さらに、生徒が不登校であるために教育の場でなくなりかけている学校のために、本書はあります。

本書の目的は、生活を見直すことで子や家族や学校が本来の姿を取り戻すことです。子は子らしく、家族は家族らしく、学校は学校らしく、それぞれが開かれた可能性を手に入れることを目指して、家庭生活と学校生活という日常を見直し、本来の姿を取り戻す方法を一緒に考えましょう。

本書は『不登校を解決する条件』といういかめしい題名がついていますが、日常を形成している周囲の大人がともによりよい教育環境を志向することが不登校を解決する条件だと私は考えています。原因探しをやめて、専門家任せもやめて、他者を責めず、だからといって無為に過ごさず、日常を振り返って家庭生活と学校生活の両面から子の最善の利益のために粛々と協働しましょう。

学校は教室という場で、家族は家庭という場で日常生活を点検してみましょう。それはきっと、「自分がいけない」「自分がだめだ」「自分は社会に出る価値がない」「自分は生きている価値がない」「自分は虐げられるに値する存在だ」と思い込んでいる子らに、あたたかな光を投げかけることになるでしょう。

不登校の解決は手段であり、目的ではありません。不登校を解決することで、開かれた可能性という光を子らが手に入れることが目的です。その子らしい生活を取り戻して、その子らしい人生を歩むために、われわれ大人がすべきことを「不登校を解決する条件」としてまとめました。

本書は対象を中・高生においています。子も家族も発達途上でありながら、結果が求められるこの年齢は、まさに変化と混乱のさなかにあります。それにもかかわらず、参考になる文献や頼りになる社会資源は皆無に等しく、関係者は八方ふさがりの状況におかれています。そうした意味で本書が些少なりとも役に立つのではないかと思い、筆をとりました。中・高生の不登校を解決する条件を考えるうえで参考になれば幸甚です。

二〇〇七年四月十五日　　石川瞭子

序章

　本書は『不登校と父親の役割』（二〇〇〇年）、『不登校から脱出する方法』（二〇〇四年）に続いて、青弓社から出版される三冊目の不登校の解決についての指南書です。本書は十五歳から二十歳の子どもたちをおもな対象にしています。もし関係者が本気で不登校を解決して、開かれた可能性のなかに子をおきたいと考えるのでしたら、本書は役に立つでしょう。原因を考えるよりも解決に焦点を絞って、関係者が協働するためにきっと役立ててください。

　ちなみに読者のほとんどは、本書にたどりつくまでにさまざまな立場の援助者とさまざまな理論、さまざまな対応方法を経験してきていると思います。そして満足のいく結果が得られず、わらにもすがる思いで本書を手にしたのではないでしょうか。まず私のもとに寄せられたメールを紹介しましょう。

「はじめまして。私の息子は十一歳で学校を休んで一年になります。その間、複数の病院・相談所に相談に行きましたが、どこも「無理やり登校させないほうがいい」「いまは見守るべき時期」という指導でした。そうした指導を受けて一年が経過し、息子の生活は人目を気にして外出もできない状況になりました。中学を前にしてこの先とても心配です」

「息子は十五歳。不登校になって半年です。不登校センターでカウンセリングを受けましたが登校できない状態が続いています。相談に行った病院では「何も異常はない」「そのうち登校できるでしょう」「時期が来るのを待ってあげなさい」と言われました。最近は昼夜逆転の生活で、起きている間はパソコンの前に座り込んでいます」

「娘は十三歳。中学二年生の五月から体調不良を訴え不登校になりました。医療センターのストレス内科を受診しましたが何も異常はないとのことでした。医師から「好きなようにさせてあげなさい」と言われたので、娘に「無理に学校へ行かなくてもいい」と言いました。娘はますますわがままになって、夜は二時三時までパソコンでゲームをしています」

「今年の四月から不登校になった十五歳の娘の件で相談にのってください。いままでさまざまな相談機関に子を連れていきました。どこも「そっとしておきなさい。学校に行く意欲が出るまで待ちなさい。無理に連れていくべきでない」という指導でした。しかし私どもはその方法が娘にとって最善の方法だと思えないのです」

「初めてお便りします。十一歳の息子は九カ月間学校に行っていません。大学の心療内科や教育センターでカウンセリングも受けました。どこも「ゆっくりと緊張をほぐしてあげるように」という指導でした。クラス内のいじめがきっかけで不登校になりました。いじめがなくなるまで登校を控えようと思います。しかしいつになればいじめがなくなるのか、いつ登校できるようになるのか、不安がつのるばかりです」

今回ご紹介したメールはほんの一部です。ご紹介できないほかのどのメールにも、行き先が見えない生活のなかで焦燥感を募らせ、揺れている家族の様子が書かれています。「無理やり登校させせないほうがいい」と専門家から言われ、「ゆっくり待ってあげて」と関係者から諭され、しかし子の生活は次第に日常から逸していき、家族は腫れ物に触るかのように接することを強いられ、疲れ果て、追い詰められ、一触即発という状況を伝えるメールも多数あります。

みなさんも疑問に思っているのでしょう。「時期が来れば子から登校する」「好きにさせていればいつか登校する」「無理をしてはいけません」「学校に行かなくてもいい」「心の傷が癒えたら登校できる」「緊張がなくなれば登校できる」「いじめがなくなれば登校できる」……など。それは本当なのでしょうか。みなさんはすでによく理解していると思います。そうしたことでは不登校は解決できないと。さんざん試して努力して頑張って、そしていまがあるはずです。それがうまくいかないために、自分たちの努力が足りないのかと自分自身を責めて苦しんでいるのです。本書を手にする方の多くがそのような経験を経ているのではないかと察します。

公式の統計では、不登校は減少したと報じられています。専門家のなかには不登校は過去の問題だと言い切る人も少なくありません。しかしながら保健室登校の生徒やインターネットで連絡すれば出席扱いとする生徒、派遣教師制度で出席扱いとしている生徒やフリースクールなどに通っていれば出席扱いになる生徒、本当は不登校なのに病欠扱いになっている生徒の総数はどのくらいになるのでしょうか。また、それらの生徒の扱いは、子どもの公教育を受ける権利を保障しているといえるのでしょうか。またそれは、子に利益をもたらすものなのでしょうか。

不登校の子どもの数が減っているとは私には思えません。子どもの数が全体として減っているので、数値だけを見れば減っているでしょう。けれど、子どもの数との比率で見れば不登校の数は若干上昇しているのです。その点について第10章第2節で論じていますので参照してください。

ここで誤解してほしくないのは、そうした措置で出席扱いになった子どもや保護者、さらに関与した関係者を責めているのではないという点です。ただ私が案じているのは、そうした社会的な配慮が永遠には続かないという点です。今日では、社会的配慮の多くは義務教育が終了したのちに途切れてしまいます。

不登校する権利は小・中学校では認められても、不就労の権利は保障されていません。不登校をしていた子どもたちもいずれは大人になります。大人になった元不登校の子どもたちは、不就労では賃金が支払われることはないのです。不登校の将来を心配している子や親や関係者の不安を、社会は正しく認識して対策を立てる必要があると私は言いたいのです。

ある光景を思い出します。晩秋の午後の電車の中でのことです。ある駅で男女が乗り込んできました。私の隣に二人並んで座りました。三十歳代と思われる男性と六十歳代と思われる女性。どうも親子のようです。一つ結いの髪の男性は黒革のジャケットに黒革のパンツといういでたち、髪には白いものが交じっています。足が痛いのか足首をもんでいました。そして病院の名前が印刷された袋から薬を取り出して眺めながら、「体を動かさないから太っちゃうってまた言われたね。太っちゃうのが足に悪いのに。わかっているけどね。足が痛いから動けないの」と甲高い声で話しました。たしかに男性は相当体重がありそうでしたし、足も痛そうでした。

一方の小柄でかわいらしいお下げ髪の女性は、「パソコンばっかりしているからよ」としっかりした低い声で答えました。女性の髪の半分以上は白髪でした。女性は昔の女子高校生が着ていたような黒いジャンパースカートを着用していました。

車内中吊りの週刊誌の広告に「失業率〇%突入」というキャッチフレーズが大きく書かれていました。当時は不況で、失業率が週刊誌のトップ記事にされていました。男性はそれを指さしながら、「失業したら大変だよね。食べていけないものね。だけど僕たちはいいよね。失業がないからね。永遠にお金をもらえるものね」と女性に話しました。女性は「大きな声で話すことじゃないよ」と答えながら男性をたしなめました。

二人は目的の駅に着いたようでした。すると男性が、「ママ、昼はハンバーガーだったから晩ご飯はコロッケにしようね。駅でコロッケを買って帰ろうよ」と言いました。母親は「コロッケ買いましょう」と言い返しながら、「降りますよ」と息子の背中に手を添えました。親子は「よっこらしょ」と言いながら立ち上がってドアの前に進みました。背丈の高い息子に抱えられるように小柄な母親は駅のホームに降り立ちました。電車はゆっくりと走りだしました。晩秋の夕日に照らされた親子の姿は、車窓から消えました。

十年以上も前の光景ですが、私は忘れることができません。おそらく息子さんは小学校の高学年のときに不登校になって、そのまま在宅し続け、気がついたら三十歳代になっていたのではないでしょうか。息子さんの心理・社会的発達が十歳程度にとどまっているように見えました。個人差はありますが、通常、男子が母親と一緒に買い物に出歩く年齢は小学校五年生くらいまでで、それ以上になると母親と一緒のところを友達に見せたがらないものです。とするとこの息子さんは二十年以上、社会的に限定された生活を送ってきたことになります。

父親はどうしたのでしょうか。この親子の対話に父親の存在は感じられません。母親と二人だけの生活になじんで、二人だけの独特の世界で生きてきたように思えます。二人が共有している世界は時間が止まったままの揺りかごのようでした。失業することがない職業でお金に困ることがないとはどんな生活なのでしょうか。それにしても十年後の現在、この親子はどのような生活を送っているのでしょうか。おそらく息子さんは四十歳代、母親は七十歳代になっているはずです。気がかりです。

私が本書の対象をおもに十五歳から二十歳の子どもたちにしようと思った経緯は、前著二冊で対象にしなかった年齢の子とその家族への対応の必要性を感じたからです。先ほど紹介したメールは小学生と中学生の親がほとんどですが、全体量では高校生以上の親からの相談が大半でした。しかし私はまだ研究としてきちんと整理して分析していませんでしたので、ほとんどの相談をお断りするか、ほかの相談機関を紹介することでしか対応できませんでした。

しかし、そうも言っていられない事態が起きました。前著二冊で私が提唱した援助方法を強行して失敗し、以前よりも悪い状態になったという報告がいくつか寄せられたのです。前著の対象ではない年齢や健康状態が芳しくないなかでの強行で、実行した側の判断ミスや準備不足という面は正直言って否めません。しかし、追い詰められ苦しんでいる親が、なんとしても子の不登校を解決したいという切実な思いは察せられました。それは小・中学生の場合とは異なる次元で切迫した状況のように感じました。

たしかに、高校生以上の不登校の解決に関する方法論の研究や参考となる著書の数が少ないのは事実です。おそらく一縷の望みを託し、必死の思いで私の本を手にしたのでしょう。そうしたなか、十五歳の父親から手紙が届きました。息子は当時高校一年生。六年前のことです。この父親からの手紙が本書を書き上げる動機になりました。

「突然のお手紙をお許しください。私の息子が不登校になりましたが、どのように対応したらいいか困惑しておりました。二つの著書を拝読させていただき、大いに心を強くし息子に父親として対応しました。おかげさまで、息子は毎日通学できるようになりました。

×月×日、先生が提唱されているように息子に対応し、対応後は一日だけもめましたが、その日以降ずっと登校しています。朝は息子が登校したのを確認してから出勤するようにしているのですが、毎日通っています。しかしまだ一カ月しか経過していないので、今後どうなるのか不安もありますが、息子を含めた家族が変わったような気がします。前にもまして家族間にコミュニケーションがとれるようになったと感じています。ぶしつけですが、この手紙を書きましたのは今後、不登校状態に逆戻りしないために何かアドバイスをお願いしたいと思ったからです。よろしくお願いします」

息子さんは当時十五歳で前著の対象者としてぎりぎりの年齢でした。父親の判断を母親も支え、両親で決意して解決を志したのです。両親の誠実さと熱意と知性が伝わってきて、私はすぐに返事を送りました。正確な文面は忘れましたが、「一カ月半を経過したころに疲れも出て揺れ戻しがあるでしょう。息子さんとお父さんの対決が三日連続ではなかったので、再び不登校になる可能性は否定できません。そのときは不退転の覚悟で臨まれるといいでしょう」と書いた記憶があります。その後については、A男の事例として本書で紹介しています。みなさんにとって最も参考になるところでしょう。

本書には三人の父親の経験談が載っています。一つは前述のA男君の父親、そして四年前に私が直接お手伝いした中学三年生のB子さんの父親、そして八年前、高校一年生で前著『不登校から脱出する方法』の第2章の第1節に登場したC男君の父親の手記です。A男君は今年大学二年生、B子さんは大学一年生、C男君は大学三年生になります。その後、三者はいろいろありましたが、ともかく開かれた可能性のなかで現在生活しているのは事実です。A男君、B子さん、C男君の父親の勇気を、みなさんは分けてもらえると信じています。

また、本書には四人の専門家の援助の経緯を載せています。いずれも私が主催する研究会に参加している援助者で、私が所属する大学の相談室を手伝ってくれています。公立や民間の相談機関や大学の相談室に勤めていますので、みなさんの社会資源として位置づけてください。そしてみなさんは援助過程を知ることで何を変化させなくてはならないのか、何を変化させてはならないのかを知ることができるでしょう。

全体の進行は第1章で拙著二冊を簡単に振り返って、第2章で三人の父親の体験記から不登校を解決するとは現実的にどういうことかを報告してもらい、第3章で本書の目的の十五歳から二十歳まで五年間の不登校の対応について述べ、第9章で三人の援助者による援助の解説から不登校の解決の条件を考察し、第10章でいじめと不登校の関連など現代の不登校問題の周辺を概観して、いくつかの提言を述べて締めくくりたいと思います。

第1部　本書の目的

第1章　本書を出版するまでの経緯

1・1　これまでの研究の振り返りと本書の目的

拙著『不登校と父親の役割』は、私の博士論文「不登校の社会福祉学的研究――その多様性と混迷をめぐって」（日本社会事業大学、一九九八年）の要約版として二〇〇〇年に出版されました。内容は、不登校の子に対してわが国の社会はやさしさの虐待をしている可能性があり、偽解決のパターンが観察されるとして、父親が不登校の解決の中心になるべきという持論を展開したものでした。二十数年にわたって千人以上の不登校を援助した私の経験から、父親が立ち上がればほとんどの不登校は解決できる、父親が参加しなければほとんど解決できないと統計で示しました。

そもそも私の論考は、博士論文としてもそうですが出版物としても発表するには差し障りがありました。当時の教育界はまさに不登校者の保護に躍起で、不登校児の居場所づくりに邁進していたからです。私のやさしさの虐待だという指摘がやさしくない行為だと専門家から揶揄され、不登校は解決するのではなく見守るべきである、と批判されました。

しかし、現場の教師や不登校者の親のなかには私の持論を支持する意見もあって、全国から講演依頼が殺到し、さらにたくさんの相談が押し寄せました。来所した関係者はこぞって「こうした見解を待ち望んでいた」と述べ、インターネットからやっと私の著書にたどりついたと経緯を語りました。そこで支持を得た点は、①不登校の権利は不就労の権利を保障するものでないこと、②不登校をめぐるやさしさのレトリック、③不登校解決における父親の無力化現象、でした。特に③の父親の無力化現象に関しては、父親は不登校の解決に参加したいのに忌避されて蚊帳の外におかれている、そうした援助のあり方への疑問が多くの父親から提言されたことは印象的でした。

現場でたくましい父親たちに出会うたび、私は勇気がわいてきました。子どもと家族にお会いして不登校解決の援助をすることは、私の喜びであり学ぶこともたくさんありました。しかし相談依頼の件数は膨大な数にのぼり、大学教員としての教務を本務とする私の立場では、ほとんどお断りする以外にすべはありませんでした。そのような現状を打破するために、もう一冊著書を出版することで読者に報いようと思いました。そして出版したのが『不登校から脱出する方法』です。

二冊目の拙著『不登校から脱出する方法』は二〇〇二年に再び青弓社から出版されました。それから四年間、良くも悪くも拙著で提案した不登校への対応が議論をよび、さまざまな意見がネット上で公開され、そして展開されました。気づけば、文部科学省は不登校の早期解決を学校に促すようになっていました。また教育基本法改止も実現し、戦後教育が見直されることになりました。ここにきてたしかに教育環境は変化したと私は実感しました。そろそろ私は筆をおいて教育に専念しようと思いはじめていました。

しかし、今般のゆとり教育の見直しを明記した政府の教育再生会議の提言、公立小学校のランクづけで補助金が上乗せになるシステム、相次ぐいじめを苦にした自殺、その一方で「いじめ調査に協力するな」という指令を出す教職員組合の存在など、新たな教育上の問題が再浮上してきました。私の心配は、学校教育のありようが振り子のように揺れ動くことで大きな社会不安が形成され、社会が再び過去の価値観にしがみつく傾向を見せはじめることにありました。それは歴史が証明していることです。

高度経済成長の時代、「信じられるものは学歴」と、社会と人々はよりよい生活を求めて子どもたちに「学力」をつけさせるために投資をしました。進学塾が急増し、不登校が急速に増加した時代です。そしてバブル崩壊。大人たちは子どもたちに強制していた「学歴偏重」に気づいたのです。そして、こぞって「学校に行かないのも選択」「権利としての不登校」「学歴なんかなくても生きていける」と言いはじめました。

その結果、大量の便乗組をつくりだしました。「おれらも体調不良の不登校」「勉強する意味はない」という生徒が保健室や相談室、図書室を占拠したので、それが十年前のことです。ちょうど私が公立の相談機関で子どもを対象にケアをしていたころです。当時、麦茶と灰皿が用意されていた相談室さえあったと聞きます。不登校は小・中学校で約十五万人、高校・大学の不登校者が約十五万人、合わせると約三十万人の不登校者がいた時代でした。

私の博士論文は、そうした学校教育のあり方についての大きな疑問から発したものでした。とりわけ今般の政府の教育再生会議の提言は、そうした便乗組の不登校の問題も解決していないうえに、百万人ともいわれる社会的引きこもり、二百万人といわれるニートなどの問題が未解決の状態のなかでの揺り戻しです。今後、間違いなく不登校は増加します。引きこもりもニートも増加するでしょう。

私はいても立ってもいられない危機感をいだきました。

そのようなとき、青弓社から三冊目の出版を勧められました。私は勤務先を関東に移し、前にもまして多くの大学業務をかかえた状態でしたので執筆活動に少々難儀を感じましたが、引き受けることにしました。以上が本書の出版までの経緯です。それではここで再度、小・中学生の不登校を解決する条件をまとめてみましょう。

1・2　小・中学生の不登校を解決する条件の再確認

小・中学生の不登校を解決する条件は拙著『不登校と父親の役割』『不登校から脱出する方法』に詳しく載っているので、ここでは読者からの問い合わせが多かった五つの質問を通して、解決の条件を整理してみましょう。①リスクがない不登校の解決方法、②「無理やり」という前置詞をおく意味、③心の傷が残る／心の傷が癒えるについて、④いじめのない社会はくるか、⑤なぜ学校は必要か、以上の五つの質問は相互に関係し合って不登校の解決に影響を与えています。これらの質問から小・中学生の不登校を解決する条件を確認してみましょう。

1・2・1　リスクがない不登校の解決方法

メールや読者からの問い合わせでいちばん多い質問です。無理やり登校させる方法以外に、もう少しリスクの少ない方法はないか、ということです。私は「穏やかな方法があるのでしたらそれに越したことはありません。そのような方法があったら逆に教えてください。むしろさんざん穏やかな方法を試されて、いまがあるのではありませんか？」と聞き返します。変化は必ずリスクをともなうものです。また変化しないのもリスクをともないます。そうした自明の原理を認識しなくてはならないでしょう。

どちらを選んでも苦渋の決断です。しかし子が小・中学生であれば親の責任が大半です。子どもに選ばせて子どもに責任を課すことだけはやめましょう。そうしていると子どもは自ら何も決断しなくなります。子どもが無為にいたるまでの間に、そうした生活上のひずみが積み重なることがよく見受けられるのです。親が責任を自覚し、発生するリスクを最小限に抑える努力をして実行する、そうした覚悟と事前準備ができなければ実行しないほうがいいでしょう。ただし、たとえ言葉であっても暴力はいけません。その点は注意が必要です。

不登校の解決には生活の変化が必要です。変化には必ずリスクがともないます。リスクを背負って親がすべての責任を引き受ける覚悟のうえで行動したのならば、子は親の決断に従うでしょう。特に子どもが小・中学生であれば、親の態度は子への立派なモデルとなりえます。

1・2・2　「無理やり」という前置詞をおく意味

「無理やり」という言葉は、不登校の援助の場で親や関係者から頻繁に発せられます。「無理やり登校させるのはどうでしょうか……」「無理やり登校させたいと思います」。この「無理やり」は不登校を語るときの前置詞としてわが国で広く使われています。この「無理やり」という前置詞は、不登校は解決しなくてもいい、という暗黙知を人々の間に根づかせているのではないでしょうか。ですから関係者の多くは「不登校を解決させて本当にいいのだろうか」と思い悩むのです。

しかしながら「無理やり」は通常の生活のなかでは存在しない態度でしょうか。無理を押して働く、無理を忍んで会話する、無理やり走って駆け込み乗車をする、無理を知りながら荷物を持つ、無理やり早食いをして会議に間に合わせる……など、通常の生活のなかでなにげなく使用される言葉であり、態度ではないでしょうか。そもそも「無理」のない生活は本当にあるのでしょうか。

もちろん、無理がない生活はすばらしいです。できたら子どもに無理はさせたくない、という親心も理解できます。しかし子も大人になります。そして不登校の子の大半は、無理がきかない特別に配慮が必要な子どもではありません。リスクと「無理やり」はないに越したことはありませんが、無理があっても実行せざるをえない事柄も多いのです。なぜならいずれ子も、「無理は承知」の社会に出るのですから。ところで「無理やり」という言葉を抜きに一度、みなさんも不登校を語ってみてください。不登校に対峙せざるをえない自分と社会が鮮明に浮かび上がります。

1・2・3　心に傷が残る／心の傷が癒えるについて

「リスク」と「無理やり」と「心の傷」。この三点セットは不登校を解決したいと相談にくる人々が持ち込む代表的な言葉です。ここで「心の傷」について考えてみましょう。不登校の解決のプロセスで子どもの心に取り返しのきかない傷がつく、と恐れて行動に移せない関係者は少なくありません。しかしながら、本当に不登校の解決で子どもの心が傷つくのでしょうか。

また、不登校の前にいじめなどによって子は心に傷を負っている、だから傷が癒えていない段階での登校は控えて時間をおくべきである、心の傷が回復してから登校を考えても遅くない、と指摘する関係者は少なくありません。子どもの心の傷の回復のために原因を探り、いじめがあればいじめた子から謝ってもらう必要がある、と多くの関係者は考えます。はたしてそれらは正しい対応策なのでしょうか。

ここで考えてみてください。誰もがあえて心に傷を負わせるために不登校の解決を試みるのではありません。むしろ不登校の解決に取り組まず、無為を決め込んだ大人の態度に深く傷つく子もいます。また、いじめたとされる側も、あえて心に傷を負わせるために関わったとは言い切れない場合があります。それよりも、いじめた子が謝るプロセスでさらにいじめられた子の心が傷つくこともまれではありません。また、いじめられてもいいから仲間でいたい、と話す子は少なくないのです。このように子どもたちの心も関係性も一枚岩ではないので、一概には言い切れない部分があると思います。

だからといって心に傷をつけることをしていいといっているのではありません。心が傷つかないための配慮は必要ですし、心の傷も癒えるものなら癒したほうがいいに違いありません。しかし人は、他者なしに生活はできないという原則があるのは事実ですし、成長も発達も他者との関係性のなかで保障されるという前提があります。心の傷は他者との関係があるかぎり発生しては癒え、癒えては発生し、というサイクルを繰り返しているといえるのではないでしょうか。

私はこのように考えます。「人が生きることは傷つくことと無縁ではない。傷つくことは気づくことでもある。傷つき気づき苦しみながらも生き続ける、ここに人たるゆえんがあるのだ」と。心の傷とともに成長し続けるほか、生きるという道筋はないのではないでしょうか。

1・2・4　いじめのない社会はくるか

いじめのない社会はやってきません。格差社会は社会が成熟すればするほど明確になるでしょう。これが私の結論です。不登校の相談でよくある質問ですが、私はそう答えます。冷たく聞こえると思いますが事実ですから仕方がありません。牧師や僧侶の世界でも、医者の世界や学問の府でもいじめがあります。しかしだからといって、いじめを認めているわけではありません。いじめをなくす配慮や注意は必要ですし、差別や偏見がない社会を目指す努力は必要です。

いじめがなくならない理由は、人は差異のなかでしか自分たりえないという原則があるからです。自分を認識するには他者を必要とし、他者を前にしてはじめて自分を識別できるのです。そして人はもともと差異に敏感だからこそいじめや差別や偏見も根絶することはできないのです。いじめや差別や偏見は社会生活に付随する当然の事柄で、時代が変化してもかたちを変えて発生すると覚悟していたほうがいいでしょう。だから私は子どもたちにはただひたすら強くなれ、と言っています。環境汚染やグローバル化やＩＴ化をひた走る現代社会を生き抜くためには、ただひたすら自我を鍛え、自分自身を守るすべであるコミュニケーション力を身に付けることが肝心です。

そのためには人との出会いや交流を通して多様な価値観を身に付け、多様な行動をする人のそばでしなやかな自己を築くしかありません。親の亡きあと、誰が守ってくれるわけでもない人生を子は歩み続けるわけですから、親が子にしてあげられることは、集団のなかで学ぶ機会を提供することなのです。いじめがあるからといって集団生活から身を引くのではなく、逆に集団のなかでこそ生きる知恵が学べると子を送り込む、その勇気が親や関係者に必要なのです。ただし、いじめにも多様な形態がありますから、それが犯罪や重篤な人権侵害でないことを確かめる必要があるでしょう。

1・2・5　学校はなぜ必要か

みなさんに再度聞きます。なぜ学校教育は必要だと思いますか。私には毎日のように「無理やり登校させていいのでしょうか」という問い合わせが寄せられます。私は聞き返します。「なぜ登校したほうがいいとご両親はお考えですか？」。そうすると多くの両親は黙り込みます。どうしてでしょうか。みなさんも一緒に考えてみてください。

「無理やり登校させていいのでしょうか」という私への問い合わせは、決定権と責任を私に預けて、両親は両方から逃げることを意味しています。「無理やり」という前置詞をつけて、それはよくないことだと社会は言っているけれども、筆者が推薦するのならばやってみてもいい。でも私たちに責任はありませんよね、と言っているように聞こえます。そうした親の態度は、子どもが社会に対峙するときのモデルになってしまいます。ですから私は両親に問いかけます。「なぜ学校が必要ですか？」と。両親が子どもに見せる最も重要な態度は、社会にどのように対峙するかなのです。

両親は「無理やり登校させるな」というわが国がもつ社会の優勢な価値観から抜け出し、家族の目的ではなく手段として不登校を解決したいと思うにいたったら、なぜ学校が必要なのかという問いに明確な答えを提示できるはずです。

1・2・6　まとめ

以上の五つの質問から小・中学生の不登校を解決する条件を整理してみました。ここで重要なことは、不登校の解決は手段であって目的ではないということです。同様に家族は手段ではなく目的そのものです。本来目的と手段は別物ですが、ときどき混同してしまうことがあります。鍵を握るのは日常生活ですが、その日常生活が危うい状況になっているので手段と目的が入れ替わってしまうことがあるのです。

つまり、登校を開始したら成功、登校を開始しなかったら失敗、ではないのです。不登校の子がいることで日常生活がうまくいかなくなっている家族が少なくないのは、みなさん自身がよくわかっていることだと思います。子のなかには家族が家族たりえることを目的に不登校をしている場合もあります。また子のなかには自分らしく生きるために、その前に親が親らしく生きてほしいと願う子もいます。子どもは家族が目的そのものであることを知っています。

このように小・中学生の不登校を解決する条件は親が親らしく、教師が教師らしく、大人が大人らしく振る舞うことなのです。家庭が家庭らしく、教室が教室らしく、社会が社会らしく機能していれば子どもは安心して子どもらしくいられるのです。次は中・高生の不登校を中心に解決の条件を検討してみましょう。

第2章　不登校を解決する条件――中・高生の不登校を中心に

まず三人の父親の手記から、十五歳から二十歳の不登校を解決する条件を展望してみましょう。序章でも記しましたが、A男君、B子さん、C男君らは現在大学に通っています。不登校の解決から四年から九年経過し、家族もそれなりにもとの生活に復帰して元気に過ごしています。まずは本書を書くきっかけとなったA男君の父親の手記を紹介しましょう。文中では敬称を省略します。

2・1　天真爛漫な子が不登校になって――父親I・Kさんの手記

息子のA男は現在十五歳、来週十六歳になります。自宅から四キロメートルほど離れた私立A高校に通っていて、不登校状態になったのは一年生のときでした。一年生の八月末、二学期開始時から、学校に行けないと言いだしました。「友達ができない。学校に行くと疲れる」というのが理由でした。実際、疲れているようだったので一週間休ませました。

元気を取り戻して登校するようになりましたが、週に一日は欠席するという状態で九月、十月は過ぎました。登校はしているものの勉強は手についていない様子でした。家にいるときは、積極的に手伝いをさせるようにしました。定期テストでの成績がきわめて悪く落ち込んだようで、十一月は三分の一ぐらい、十二月は半分ぐらい欠席しました。

十二月になってY市の不登校センターでカウンセリングを受けはじめて、一月までで三回受けました。内容は本人に聞いていないのでわかりませんが、多少気持ちが晴れたようでした。一応終わりだけれども、話したいことがあればまた来るようにと言われたようでした。

今年になって、私は石川先生の本を読みました。不登校センターのカウンセラーの先生からは精神的な問題はないと言われていましたので、私の子どもは在宅解放型Ⅰ型に分類されると思いました。

年齢的にはぎりぎりでしたが、精神的に幼いところがある子どもなので、ともかく行動に移してみることにしました。妻にも賛同を得ました。妻はもともと子どもに強い態度であたるべきだと言っていましたので、あとは私が毅然とすればいいだけでした。

職場では、「うつ病」になる人が結構います。研修などでは「頑張れ」とか「しっかり」と言うのは禁句だといわれますので、子どもにも刺激を与えないようにしていました。

一月に入ると、先生が提唱されていた対応をとる前は学校を欠席したのは一日だけでしたが、午前だけ、あるいは午後だけ行くという状態でした。

今年の×月×日から先生が提唱する方法で子どもに対応し、初日はスムーズにいったものの、二日目はいやがって一時間以上押し問答をしたのですが、私はどうしてもはずせない会議があって出勤しました。明日からまた仕切り直そうと思いながら帰宅すると、私の出勤後、たまたま学校の友人たちから「今日は音楽の実技試験があるので、受けないと留年する」というメールが入っていたらしく、A男は登校していました。

その後はずっと通学しています。もともと食欲はありますし、引きこもりや昼夜逆転現象もありませんでした。

自分でいうのも変なのですが、高学歴の家庭です。娘は県内でもトップの進学校に通う高校三年生で、受験勉強の最中です。私は四十八歳、妻は二歳年下の専業主婦で、どちらかといえば、妻は私を立ててくれています。家庭内のことは、夫婦で相談して決めることが多いです。

A男と私はサッカーが好きで、共通の話題があります。二人でワールドカップも観に行きました。娘は言わなくても常識的な行動をします。A男はそれを見て行動しますので、これまで積極的に家庭内のルールをつくる必要もなく、家事の手伝いもあまりさせていませんでした。

小学生のときは、天真爛漫な子どもでした。小学校時代はのんびりさせたかったので、私もあまり積極的には勉強させませんでした。たぶん成績は中ぐらいだったと思います。学級委員とか何かの選手になるとか目立つことはしませんでした。ともかく、楽しく遊んでいればそれだけで十分な子どもでした。小学校低学年から自分の部屋で寝ていました。誰とでもすぐ仲良くなれる子どもでした。三、四年のとき、ときどき不機嫌な様子で帰ってきて、妻にごねたりしたことがあったようです。そのほか、問題になるようなことは何もありませんでした。言うことを聞かなくて、二度ほど手を上げたことがあり、子どもにとっては多少怖い父親だったと思います。

中学に入ってサッカー部に所属し、毎日部活に励むようになりました。チームが一年生大会で準優勝したこともあって、弾みがついたようでした。勉強も成績表に五段階ではっきり出てくるのでやる気になったようで、だいたい「4」ぐらいの成績をとるようになりました。

A男は二年生になって生徒会長に選ばれました。親のほうが心配しましたが、先生方の指導でなんとかやり遂げました。しかし三年生になって、部活も引退して受験勉強にとりかかりはじめて夏休みには結構勉強したのに、成績はまったく上がりませんでした。自力で勉強したのですが、このころ親の話をまったく聞こうとしなかったので勉強の仕方がわからず、効率が悪かったようです。

とてもカンのいい子なので、細かなところまで詰めた勉強をしなくてもいままではある程度点数がとれていたのが、受験勉強になって抜け落ちの多い付け焼き刃的な勉強ではどうにもならなくなったようです。姉はすんなり進学校に入りましたし自分も生徒会長だし、周りからもいろいろ言われていたので、部活が終わってそのぶん勉強をすれば成績も上がり志望校に入れると思っていたようです。家族も当然のことのように期待していました。

しかし、全然成績が上がらず、九、十、十一月になるにつれて焦りが強くなりました。志望校を決めるための実力テストが全然できなかったため、学校で呆然自失状態になってしまいました。帰宅後、学校の先生が心配してわざわざ電話をよこしたくらいですから、相当ひどかったのだと思います。

妻からの相談もあって、このままではどうしようもないと思い、現在通っている私立高校に推薦でお願いすることになりました。前から行きたいと言っていた高校は四校あって、第一志望ではないものの、この高校も志望校の一つでした。このままやっても自滅するだけだと思い推薦入学に切り替えたのですが、本人には、受験して志望校を受けたいという思いが強く残っていたのだと思います。受験勉強から解放されて、本来は気持ちも解放されるはずだったのですが、本人の気持ちは晴れず、中途半端な気持ちだけが残ったようです。

中学校時代を通してみると、ずっと同じ先生が担任で、この先生と学年主任の先生にかわいがられて過ごしました。小学校時代は元気だけが取り柄だった子どもの成績もよくなってリーダー的な仕事もするようになり、とても成長しました。いま思うと中学校に適合しすぎていたのかもしれません。A男の中学校は先生方もこまめに生徒に対応して、世話を焼いてくれましたが、高校では、生徒を大人として扱いますから、あまり細かな対応はしません。いろいろな理由が重なって、本人にとって高校はあまり魅力的ではなかったのかもしれません。部活もしていませんでした。

文化祭や体育祭などの学校行事には参加したがりませんでしたが、それでも一学期は普通に通っていました。たしかに、学校はあまり楽しそうではありませんでした。友達ができないというより、A男のほうから殻に閉じこもっていたようです。

夏休みに入ると同時に、四〇度近くの熱を出して四、五日寝込みました。そのときは気にしませんでしたが、これが前兆だったようです。

高校一年生のときは追試を受けることもありましたが、気持ちを奮い立たせて取り組んで進級しました。通学はしていたものの、通うことはつらそうでした。二年生になると、クラス替えがあって環境が変わり、担任が熱心でいろいろ声をかけてくれたりしたおかげか、ともかく学校に通い、数日しか休みませんでした。

文化祭や修学旅行などの学校行事にも参加し、周囲の生徒ともなじんでいるようで、成績も中くらいになりました。しかし、あまり楽しそうな表情はなく、ときおり舌打ちをするなど内面の葛藤が現れているようなところがあって、いつまた不登校が始まるのか不安でした。

三年生になると進路別のクラス編成になって、理系クラスになりました。二年生のときのクラスメートとはあまり一緒にならなかったようでしたが、大学受験を意識して、放課後も学校に残って勉強するようになりました。しかし自分が思うようには理解が進まないようで、定期テストを受けず二週間程度休みました。家族としてはショックでしたが、休んだのはこのときだけで、すぐ復学しました。A男には、「高校を卒業しないと就職にも困るので、どのようなかたちであれ卒業しなさい」と言っていました。成績はともかく、なんとか在学中の学校を卒業すればそれでよかったのですが、状態を見ると難しそうな予感がしていました。

これまでの経験で在学中の学校の対応はまったく期待できないとわかっていたので、このままだと定期テストを受けられない状態を繰り返す可能性があると思い、サポート校（D学院）に相談に行きました。すると一、二年生のときにかなり単位をとっていたので、金銭的負担はあるものの、最後の手段として通信制の高校に転校すれば無理せず卒業はできることがわかりました。

そのころのA男は通学こそしていましたが、昼食を一緒に食べる友人がいないと漏らしたり、表情も暗く、状態を見るかぎりスムーズに学習できている状態ではなかったので、転校の件を切り出しました。本人としては在学中の高校を卒業したかったようで、「転校はしない。定期テストを受けて、必要な点数をとって卒業する」という返答がありました。

その後、進路をめぐってA男が騒ぎ立てる場面もありましたが、本人も踏ん切りがついたようで、妻と一緒にインターネットなどで通信制の高校を探して、サポート校（D学院）に転校しました。

この学校の先生方はこれまでとは打って変わって小まめに対応してくれ、A男には合っているようでした。時間的にも楽になりましたが、通信制の高校へのわだかまりがあるようで、ホッとしたような不満があるような感じでした。ときおり、私のほうから自宅でのA男の様子を先生に話して対応をお願いしましたが、打てば響くような反応があり、親としてもホッとするところがありました。

年末のある日、A男は将来に相当不安をもったのか、「これから自分はいったいどうすればいいのか。何か方法はあるのか」と私に詰め寄ってきました。「父親として私ができることはすべてやった。高校を卒業することを第一に考えて、ともかく卒業するようにしなさい。進学に関しては自力で合格するしかない。進学しないのなら就職しなさい」と応じました。同じ話を数時間繰り返しましたが、これを境に受験に気持ちが向いていったようでした。そして、二月に自宅近くの短大を受験し、合格しました。

四月になって短大に入学しました。講義の選択などでどのように選択していいかわからず困ったりすることもありましたが、学校の花見に参加したりコンパに参加したりするうちに周囲とも打ち解けて、六月ごろには元気に通学できるようになりました。短大の先生方も一人ひとりの学生の様子をよく見てくれているようで、それもA男にはいい影響を与えていました。

夏休みからファストフードの店でバイトをはじめ、約一年半続けましたが、とてもいい社会勉強になったようです。秋ごろから大学に進学したいと思うようになり、もう一度受験し直すと言いはじめました。短大やサポート校（D学院）の先生にも相談して、息子なりに考えはじめたようです。私も妻も編入学という手もあるという話をしましたが、このころはもう一度大学受験をすることを考えていたようでした。

二年生になって、「昔の自分のような感じの子がいたら、なんとかしてあげたい。だから心理学の勉強をするために大学に行きたい」と明確に言うようになり、先生方と相談して、本来は家政学のテーマでやらなければならない卒業の課題を心理学をテーマにすることを認めてもらいました。

心理学科がある大学の編入試験を受けることを前提に、英語や小論文の勉強を始めました。英語は中学校の復習から、小論文は漢字の書き取りから始めました。やっと、基礎から一歩一歩積み重ねる勉強ができるようになり、夏休みごろには大学受験の子たちが受講する予備校の講座に参加してもついていけるようになったようでした。

小論文のコースでは、書いた文章を先生に褒められることもあったようで、「わかる→楽しい→やる気が出る→ますますわかる」という好循環に入ることができたようでした。大学の編入試験は三校受験することにしていました。そして、A男が最も望んでいた大学に見事に合格しました。

卒業課題を指導してくださっていた先生はカウンセリングなどが専門で、A男のやる気をじょうずに引き出してくれました。高校時代には恵まれなかった人との出会いが、短大時代にはとても充実していたように感じます。短大の先生方に聞くと、A男はこれまでのことで家族にとても感謝しているとのことでした。また、周囲のいろいろなことに感謝できる子どもになったような気がします。ずいぶん長い時間がかかりましたが、A男は元気を取り戻し、年相応に自分で考えて行動できるようになりました。

私は以前、叱るときには「……すべきである」「……できないのはおかしい」などと頭ごなしの言い方をしていました。不登校になってからは、息子の話を聞いて、こちらの考えを話すようにし、しなければいけないことやしてはいけないことについては、そのつど声を荒げることなく冷静に話をしました。

妻ともよく話し合いました。互いに意見の違いはありましたが、A男には一貫した対応をしていました。たとえば私は、A男はまだ若いので、一年や二年、他人より進路が遅れてもいいと考えていました。妻は、遅れるとそのぶん落ち込むので遅れないようにすべきだと思っていました。話し合って、A男には、遅れないようにするにはどうしたらいいかという観点から接するようにしていました。あとで聞くと、A男としても人に遅れるのはいやだったようです。

妻は私と違っていつも息子と一緒なので、精神的に本当に大変だったと思います。妻は地域の知り合いや友人で話ができると思った人にはA男の話をしていました。友人たちといろいろ話をし、心に余裕をもつことができたようです。また、知り合いの高校の校長先生にも近況報告をメールでやりとりして、信頼できて経験がある方に自分たちがやっていることを励ましていただけたことはとても支えになりました。

私はインターネットと文献から情報を集め、妻は相談機関に行ったり講演会に参加するなどして情報を集めました。妻は講演会で聞いた不登校状態から抜け出した方の「母親は家庭のなかの風通しをよくする役割をしてほしい」という言葉が印象に残り、そのような気持ちでA男に接していたようでした。

A男が不登校になった時期と娘の大学受験の時期が重なっていて、この時期、妻は両方の面倒を見なければならず、かなりの負担だったと思います。

解決策がわからず、先が見えないなかで長い時間過ごしてきましたが、その間、家族全員で本来の元気のよさや明るさを取り戻すことを信じて過ごしてきました。先が見えないまま待つということはとても疲れることですが、待ってあげられるのは家族しかいないと思います。

わが子が不登校になった場合、普通の親はどうしていいのか途方に暮れると思います。不登校の定義、対応策、相談先、サポート校、経験談、文献などのさまざまな情報が得られて相談できる場所が必要だと思います。便利な場所にある公的機関が、各県に最低一カ所は必要だと思います。特にインターネットで簡単な検索で情報が得られることが重要だと思います。

一般の学校や教師にとって、不登校は対応すべき問題の一つでしかありません。でも親にとっては唯一の問題です。学校の協力は重要ですが、親がポイントになる情報を早めに得て冷静に対処することが、不登校状態を解消するには重要なことではないかと思います。

2・2　何度あきらめかけたか。わが家の娘の不登校──父親Ｏ・Ｋさんの手記

長女Ｂ子が不登校になったのは、中学一年生の二学期からでした。

保育園のころから集団になじめないところがあり、よく「保育園がいやだ」と言って泣いていました。母親は、泣いているＢ子を先生に預けてすぐに帰ってきていましたが、祖母に送りを頼むと園に行かず、すぐに帰ってくることがたびたびありました。その後は、妹たちも順々に園に入るようになってＢ子も落ち着き、一緒に楽しそうに出かけるようになりました。

いじめに気がついたのは、小学一年生のときで、いじめていたのは同じクラスの男の子でした。B子の手の甲に黒い点々があるのを見つけて「どうしたの？」と聞くと「S君に鉛筆を立てられた」と言うのです。聞くと、そのほかにもいろいろといじめられていたのがわかったのですが、その手を見るまでは、学校でいじめにあっているとは思ってもみませんでした。このときは担任の先生と相談してS君とは机を離してもらい、先生によく見ていてくださいとお願いして、しばらく様子を見ることにしました。

そして、娘が心に深い傷を負ったのは小学四年生のとき。仲がよいと思っていた幼なじみの子や親しく遊んでいた子たちから、B子の悪口が書かれた交換ノートを見せられたそうです。B子は、交換ノートに悪口を書かれるだけならまだしも、それを私に見せるなんて信じられないとショックを受けていました。「学校なんか行きたくない、あんな友達がいるところなんて」としばらく休んだのですが、その後どうにか学校には行きはじめました。

そのときの私たちはB子に対してかなり強い口調で叱っていたので、小さなB子にとってはいじめよりも私たちの言葉のほうが苦痛で学校に行っていたのかもしれません。その後のB子は集団で過ごすことが少なくなり、よく学校の図書館で本を読んでいました。そんなB子を見ていると、荒れる中学校で有名な地元のM中学校に入学して友人関係が保てるのかどうか、卒業が近くなるにつれて不安は大きくなりました。

中学校入学当初は、親の心配をよそに学校での出来事を楽しそうに話してくれていました。周りのお母さんからも「B子ちゃん、明るくなったんじゃない」と言われたりしたのですが、妻は、かえってその明るさが気になったようです。

そして、間もなく宿泊体験があってB子は班長に指名されました。部屋割りなどで自分の思いが伝わらなかったと思ったらしく「私の寝るところがない。行きたくない」と言いはじめ、どうにかなだめて行かせたのですが、「やっぱり面白くなかった」と言って帰ってきました。ほかにも何かあったようですが、多くは言いませんでした。それから間もなく、親子にとってとても悲しく、つらい日々が訪れました。

B子は、朝になると頭が痛い、お腹が痛いと言いだし、病院に通っても改善されず、母親が怒鳴りながら起こすようになりました。それでも初めは学校に行っていたのですが、それがますますエスカレートしていき、母親がB子を寝ている二階から引きずり下ろして学校に行かせるにまでなっていました。友達が玄関先で待っている、祖父母も早く学校に行かせろと言う、でも、行けない。私も登校時に手を貸すことがありましたが、そのころにはB子はかなり抵抗して簡単には行かなくなってしまいました。体で抵抗するだけでなく、これがあのおとなしいB子の口から出た言葉とは信じられないような、汚い言葉を使って抵抗していました。

そして私は、とうとう手を上げてしまったのです。それは、けっして本人を思ってではなく、親の思いどおりにならないイライラをぶつけてしまったという感じです。親としていたらない点はたくさんありますが、そのなかでもいちばんの後悔事です。

一学期の終わりごろになると、「なぜ、こんなにいやがっているのに学校に行かせなきゃいけないの？　もう疲れた」と母親が言いだし、B子の不登校は増えていきました。学校の先生には相談せず、体調不良とだけ伝えていました。中学校の三者面談で成績は上のほうだと言われ、終業式の日は学校に行ったので少しは落ち着いたのかと思ったのですが、夏休み中の部活も、行くと言いながら、ほぼ休んでしまいました。

疲れ果てた母親が「児童相談所に行ってくる」と言いだしたのは、夏休みも終わりかけのころでした。母親はB子を連れていったのですが、そのことに相談所の職員は驚いていたようです。二人の話を聞いて「学校は休んでもいいいんだよ」と言われた瞬間、母親は「ほっとした」ようでした。そして、二学期からB子の不登校は始まりました。

初めての体育祭に「参加しなくていいのか」と聞いたときに「行かない」と言ったのですが、妹たちと一緒に買い物に行くときに「中学校のそばを通れる？」と聞いてきたので学校のそばを走ると、B子は車の中から体育祭をじっと見ていました。「学校に行く？」と聞きましたが「行かない」と返事があり、その言葉にまたあきらめてしまいました。そのときのB子はどんな気持ちだったのでしょう。親がもう一押ししていたら学校に行けたかもしれなかったのに、いいタイミングを逃したのかもしれません。

学校を休んでいるときはB子に家の中のことを頼んで私も妻も仕事に出ていましたが、思った以上にこまめに働いてくれました。洗濯物のたたみ方も「お母さんよりじょうずにたためたよ」と母親に自慢していました。

二学期も一カ月が過ぎようとしたころ、B子の様子がおかしいので「何かあった？」と聞くと、「おじいちゃんが部屋に来る」と答えました。祖父母にはB子のことはしばらくそっとしておくように頼んだにもかかわらず、私たちが仕事に出かけるとB子の部屋に入り、学校に行くように勧めていたのです。心配した母親は、仕事をやめてしまいました。

そんなころ、ようやくM中学校の先生方と話をしはじめました。生徒指導の先生から提案されたのは、B子を再登校させることではなく、ほかの施設を見学してはどうかという内容でした。このことで学校側への不信感をいだいてしまい、M中学校に再登校させることをあきらめ、まずK医療センターに行ってカウンセリングを受けさせました。そこでは、母と子が別々に部屋に入り、カウンセリングの先生と話をするだけでした。

K医療センターに行きはじめたころ、M中学校からの勧めで、不登校の子どもを受け入れてくれるというY学校にも出かけました。この学校との出会いが、のちに私たちにとってすばらしい出会いをつくってくれたのです。しかし、カウンセリングの先生はY学校に行くことには反対で、「子どもを学校に行かせる必要はない、ゆっくり休ませること」と何度も母親に言い、また、母親が行動を起こそうとすると「なんてことをする、子どもはまだ癒されていないのに行動を起こすのが早すぎる」と注意されたのですが、親の気持ちに対してはこれといったアドバイスはもらえず、不安な毎日を送っていました。

B子は、カウンセリングには抵抗なく受けることができたので、カウンセリングの先生の渋い顔色を見ながら、K医療センターの帰りにY学校に寄るかたちをしばらく続けました。Y学校へも必ず母親と一緒で、好きな本を買うときでさえ母親のそばから離れない状況になっていきました。母親が仕事をやめてしまったことも、B子の不登校を助長した要因の一つかもしれません。

そんな生活のなか、下の妹たちにも影響が現れはじめました。小学五年生の次女は、「私は、家にいるより学校がいい」と言って休まず学校に行っていましたが、親から見れば、かなり無理をしているように感じました。また小学四年生の三女は、B子が少しずつ行きはじめたY学校に興味を示して、「私もY学校に行きたい」と言いはじめました。三女には、B子とは違うのだと説得して小学校に行かせたのですが、気に入らないことがあると「Y学校に行きたい」と言って困らせていました。

Y学校でのB子は、音楽教室か図書室に行くばかりで、教室には興味を示しませんでした。そんな日々に母親はストレスがたまり、ときおり子どもたちに怒鳴り散らし、「なぜ、B子は学校に行かないの、行かせちゃいけないの、どうして部屋に閉じこもってばかりでパソコンにしか興味を示さないの、私は、B子がほかの子どものように笑って自転車に乗って通学する姿が見たい」と大声で泣き叫ぶこともありました。進展もなく二学期も終わり、中学校の担任の先生が自宅を訪ねてきましたが、B子は最後まで二階から下りてこず、母親だけが玄関で話を聞いて終わりました。

三学期には、以前からB子が気にしていたことが手術をすれば改善されると聞いたのでいろいろ相談した結果、手術をすることになり、知っている人に出会うことが少ない平日に入院しました。術後、多少は変化があるのかと思いましたが、B子を気遣った担当の医師から「これで少しは気にしていたことがなくなったのだから、学校に行くんだよ」と言われてもB子は返事をしませんでした。もとの生活に戻ってしまい、せっかく行っていたY学校にも行きしぶりはじめました。

術後、母親は何も言わない、しないと決めて、朝起こすこともやめ、外に出かけようとも言わなかったので、B子が起きてくるのは早くてお昼ごろ、遅いときには夕方まで寝ていて、起きたらパソコンに向かい、夜はいつ寝るともわからないという日々を送っていました。

でも一カ月くらいすると、B子が時間を持て余しはじめた感じがしたので、「Y学校に行く?」と聞いたところ「行く」と言うので、三学期も終わろうとしていた時期にY学校に久しぶりに行きました。また、M中学校の一年生の担任の先生にも会うと言ったので、家の玄関先だったのですが、担任の先生に「ありがとうございました」と言うことができました。

そのときに担任の先生から、どうしても一緒になりたくない子がいたら教えてほしいと言われ、B子は二人の名前を挙げていました。その二人は、四年生のときにB子をいじめた子でした。担任の先生から、「二年生の担任は女性の先生にお願いしているし、仲のいい友達も何人かクラスにいるようにしたので学校には行きやすくなるはずだから、始業式に出さえすればあとが出やすくなるでしょう」と言われたのですが、本人は「いやだ」と言うだけで学校に向かう気持ちがないように思え、ここでもまたあきらめてしまいました。

そして、あとから知ったのですが、一緒になりたくないと言っていた二人以外に、二年生のクラスのなかに嫌いな子がいたのです。その子とは仲がいいと私たちは思っていました。B子は「昔嫌いだって言った」と言うのですが覚えておらず、まったく「親の心子知らず」ではなく「子の心親知らず」です。

二年生になっても、相変わらず家でパソコンの前に座りっぱなし、K医療センターやY学校には気が向いたときに行くといった感じで、外に出るのは母親がドライブに誘ったときぐらいでした。

ドライブは母親にもいい影響を与えたらしく、B子と山で滝を見たり、海岸でカモメを見たりしてきたことをうれしそうに話していました。しかしB子は、ただ車の中から外の景色を見るだけでした。平日に、私たちとB子で美術館に行ったこともありますが、人の目を気にしてか母親から離れようとせず、あまり楽しめなかったようでした。どこに行ってもそれは同じで、母親の実家でさえ、うつむいたまま話をしていました。そのころ、中学生の男の子を見ると「怖い」と言って、母親の陰に隠れたりしました。

B子は二年生の担任の先生には好感をもっていたので、電話がくるとしばらく話をして学校の様子などを聞いていましたし、同じクラスの仲のいい友達が学校の便りを持ってきてくれたときは、B子を必ず玄関先に連れていって会わせるようにしていました。

一学期も半ばごろ、母親は娘がK医療センターに行くことをいやがるようになり、Y学校にわがままなお願いと知りながらも、「B子をY学校に連れていきたいので協力してください。B子に、Y学校に行く口実をつくってください」と頼んでいました。Y学校側も、B子のためにと音楽やお菓子作りなどを計画してくれました。そうやって何度かY学校に行くうちに、Y学校の子どもたちからも声をかけてもらえるようになり、少しずつ変化していきました。

そんなときに、Y学校が主催する講演会に来てみないかと誘われたのです。母親は、行ってみたいが校区が違うので迷っていましたが、Y学校から誘いの手紙をもらい、背中を押してもらっているのだからと講演を聴きに行きました。その講演で母親は石川先生と出会ったのです。

そして、帰ってきた母親は「B子のことを相談してみたい。子どもは学校に返すべきと断言した石川先生の言葉のほうがいい。カウンセリングの先生にそっとしておいたほうがいいと言われるよりは前に進める」と言うので、メールで相談したい旨をお伝えました。しかしなかなかご返事ももらえずあきらめかけていたときに、「会うだけ会ってみては？」と返事をいただきました。そこでお会いすることを決めました。

　石川先生は、やさしく話しかけてくださいました。次回は私たちとB子の三人で来るように言われ、家に帰る車の中で、B子にどうやって話すか、どうやって連れていくかを相談しました。B子には「K大学の先生が相談にのってくれるので、K大学まで行こう」と説明しました。B子の反応は、母親とドライブに行く感覚で、少し遠出になるのがうれしいようでした。自分を知っている人がいないところが、B子にはよかったのかもしれません。

　先生と初めての対面当日、いつもはぐずぐずしているB子も、この日はゆっくりながらも時間までに用意して、三人で出かけることができました。B子に対しても私たちに対しても、先生は穏やかに、子どものことを第一に考えて話をしてくださいました。

　最初にしたことは、大きな紙に家族で絵を描くことでした。B子と私はなかなか思うように絵を描くことができず、母親は一生懸命に色を重ねていましたが、できあがったのは殺伐とした絵でした。私たちが描いたその絵がいまのわが家の状況だと先生に説明されたとき、色がない、家がない、道がない……これがわが家がおかれている状況なのかと、ショックを受けました。また、本来は父親が描くべきところを母親が一生懸命描いていて、母親が描くべきところも母親が描いている。そして、各自がそれぞれに描いていかなくてはいけないのに、母親がすぐに手を出す。母親は、何度も石川先生から手を出しすぎと注意されても、しばらくすると子どものそばでまた描きはじめてしまって、そのたびに注意されていました。母親は、娘や父親が描かないことにいらいらして、つい描いてしまったというのです。私は絵が苦手なこともあって、石川先生から描いてくださいと言われてもなかなか描くことができませんでした。

石川先生のところに行きはじめたころから、B子の様子は変わりはじめました。母親から離れ、人のなかに入っていくようになったのです。Y学校では一学期最後の掃除に加わり、二年生の教室に入って一時間ほど過ごすことができました。

もう一つ驚いたのは、M中学校の行事を気にかけるようになり、特に職場体験や学級行事に興味を示すようになったので、夏休みにB子と一緒に学校に相談に行ったときのことです。生徒指導の先生から「○○さんたちが部活で体育館にいるから、行ってみる?」と聞かれると、素直についていって友達とおしゃべりしていたのです。母親は担任の先生とその様子をボーっと見ていて、とても不思議な感じがしたそうです。あとになって聞いたところ、べつに教室ではないし、友達に会いたかったし、自分は石川先生のところに行くことでM中学校ではなくY学校に行かされると思っていたから、特に気にしなかったそうです。

何度目かの面談には次女や三女も加わり、五人で絵の作成に挑みました。以前に比べて色合いもよくなり、絵自体が数段明るさを増してきたように私たちには思えました。

ところが、B子が最後のころに描いた海に浮き輪で浮かんでいる猫の絵を見て、「これがいまのB子さんで、家の中に自分の居場所がないから、ここに描いたのよ」と指摘されました。居場所のない、ゆっくりとくつろぐことができない家にしているのだと言われた気がして、母親は落ち込んでいました。

ほかに、次女も母親に「どこに何を描いたらいいの?」と聞きながら絵を描いていたのを先生は見逃さず、次女も気をつけるようにと指導していただきました。ところが三女については、のびのびと絵を描くし、粘土細工でもとても素直に表現していると言われ、「いい子に育てましたね」と言ってくださいました。

そうこうしているうちに、いよいよ再登校に向けて石川先生と最後の面談をすることになりました。運よく、私たちが住む近くの地域で石川先生の講演があったため、その面談の場所を再登校させるM中学校にしていただくことになりました。面談は石川先生、大学院の学生、Y学校の関係者の方、そしてB子が通う学校の校長先生や担任の先生、学年主任の先生といった面々と私たちとB子でおこなわれました。まず、両親がB子を中学校に連れていき、そして、校長先生や担任に玄関で待っていてもらって引き渡す……など、石川先生からM中学校の先生方にも指導していただきました。ある先生からの、それによってB子の心がもっと傷つかないかとの問いに「大丈夫です」と力強い言葉をいただき、内心気がかりだった母親も安心したようでした。

・再登校初日

何も聞かされていなかったB子の抵抗は激しく、蹴るわ叩くわ大声を張り上げるわで、着替えができる状態ではありませんでした。石川先生から、着替えさせられなかったらパジャマのまま学校に連れていっていいと指導されていたので、夫婦でどうにか車に押し込んで学校に行きました。さすがにB子は観念したのか、初日は車の中で制服に着替え、校長先生にも挨拶をし、どうにか担任の先生に引き渡すことができました。夫婦とも汗だくで、母親はしばらく学校にいましたが、大丈夫との学年主任の先生の言葉を信じて一度家に帰りました。家に帰ってからも母親は、いつ学校から電話がかかってくるのだろうと気が気でなかったそうです。

学校が終わる時間に母親が迎えに行って家に連れて帰りましたが、帰るなり悪態の嵐で、「ばかやろう」「なんにもわからないくせに」「なんであんな学校に行かなくちゃいけないの」と言いながらしばらく泣き続け、母親も泣いていました。しかし、前に進まなくてはこれまでしてきたことがむだになると思って腹をくくり、次の日もB子を学校に連れていく決心をしました。

・二日目

B子も相当警戒していたので初日のようにはいかず、しまいには「お願いだから連れていかないで」と泣き落としも加わってかなり時間がかかりましたが、どうにか学校まで行きました。

ところが、車の中で制服に着替える気配が一向にないのです。ここまできて引き返すこともできず、先生方や生徒の目が気になりながらも、パジャマ姿のB子の両脇を夫婦で抱えながら保健室に連れていきました。それでも、まだ着替えようとしません。ついに業を煮やした母親が、先生方の見ている前でB子を着替えさせようとしたのです。下着も見えそうになったときハッとわれに返った母親が「カーテンの向こうで着替えさせてもらおうか」と言うと、ようやく自分で着替えはじめました。そして、着替え終わると素直に教室に行きました。帰ってくると、やはり「なんで」「いやだ」と繰り返し言って泣いていたそうです。

・三日目

朝起こしに行くと「一人で起きるから触らないで」と大声で怒鳴りながらも一人で制服に着替えはじめたのです。石川先生からは、早ければ三日、遅くても一週間もすれば自分で行けるようになると言われていたのですが、あまりの早い展開に不思議な感じがしました。初日、二日目の様子ではとても好転する気配はなく、胸の内は不安ばかりで、石川先生の「絶対大丈夫です」の一言が頼りでした。

その日、B子が登校したことを知った幼なじみが、違うクラスにもかかわらずB子の様子を見にいってくれたそうです。そのとき、同じクラスの子が何人かB子を取り囲んで話しかけているのを見て安心して自分のクラスに帰ったと、のちにその子のお母さんから聞きました。その話を聞いて、「ああ、本当に学校に行かせてよかった」と思いました。

再登校後、B子は中学校で初めての体育祭に参加し、文化祭で歌い、定期テストもこなしていきました。体育祭では人の輪のなかに入ってリレーなどでも走っていましたが、何より驚いたのは、二学期最初のテストで成績が上がったことです。

石川先生のところに行きはじめたころから、家庭教師の先生に来てもらっていました。学力低下の心配もありましたし、外に出ないB子にとって、人とコミュニケーションをとるのにいい機会だと思ったからです。その成果があったのかもしれません。家庭教師の先生は、高等専門学校を出たばかりの若い女性で、B子にとってすてきなお姉さんができたという感じでした。

B子を心配して待っていてくれた子もいましたが、いじめる子もまた待っていました。いじめはなくなったわけではなく、靴に「お前なんか死んでしまえ」と書かれた紙が入っていたこともあったそうです。B子は「気にしない。そんなことほっとくことにした。そういういじめは無視すればいい」

と言っていました。ただ、不良っぽい女の子から声をかけられたときには、そばで見ている子がどんなふうに思っているかが気になって学校に行きたくないと言うこともありました。しかしB子のことをそばで見ていた子どもたちは心配しながら見ていたことがわかると、安心して学校に行きました。病気以外は休むことなく、三年生を迎えました。

三年生のクラスでは友達も増えて、「お父さんやお母さんがうるさいから学校に行くんだよ」と言いながらも、文化祭ではダンスを踊ったり、劇にまで出演したりと頑張りました。勉強にも意欲的で、一年生の二学期から二年生の一学期の間に勉強の空白があることをとても残念がるようになりました。そして、受験に突入……。B子は長期欠席者でしたので、試験のほかに、高校になぜ長期欠席したのか作文を書いて提出しなくてはいけませんでしたが、高校に行きたい一心で前向きに取り組みました。自分の将来を真面目に考えて高校を選択し、見事に合格しました。

高校生になってからは朝早く家を出る生活を送っています。いままではぎりぎりまで寝ていることが多く、促されてようやく起きてきていたのに、高校に入ってからは、一度も私たちが起こしたことはありません。

家の中に閉じこもってパソコンばかりをいじり、朝起きるのはお昼ごろ、髪も長くなり、外出しても母親のそばから離れられず、人と話すときは目をそらしていたような子が、いまではヘアスタイルを気にしたり、コンタクトレンズにしたり、勉強も頭を抱えながらもよくやっています。五月の連休のころには、頭が痛いと言いだして一週間ほど休みましたが、原因（緊張のため）がわかると同時に頭痛も和らぎ、元気よく通っています。妹たちにもいい影響が現れはじめ、家の中に笑い声が響くようになりました。

不登校児をかかえているという負い目から、母親はヒステリックになって子どもを責め父親を責める。父親はどうしたらいいのか悩む。子どもたちは心地いい居場所がなくなる。その繰り返しで前に進めず、何度あきらめかけたことでしょう。しかし、親があきらめたとき、子どもの進む道は閉ざされるのだと実感しました。親は、逃げてはいけないのです。子どもに責任をもち、家庭を守っていってやらなければ、子どもたちは迷ってしまうのです。意識はしなくても、子どもたちも導かれることを心のどこかで必ず待ち望んでいます。大人になってもいつまでも家にいて外との接触が閉ざされるなんて、考えただけでも不幸です。同じような思いをされている方、どうか子どもを信じて両親の役割を思い出し、子どもの笑顔を取り戻してください。

夫婦で迷いながらも、石川先生の「子どもは学校に返すべき！」という言葉を信じて実践できました。先生には感謝の気持ちでいっぱいです。

2・3　「おやじが変わったよ」と息子に言われて——父親I・Sさんの手記

いまから九年前、C男が引きこもりになったときの経験を振り返り、反省や苦悩の日々、そして私がとった行動について記したいと思います。

C男はいまでは引きこもりから立ち直って、U市の青少年センターで毎日アルバイトをしています。また、バンドを組んでライブ活動をしていて、作詞や作曲、ギターを弾いたりボーカルを務めたりと、大好きな音楽を楽しんでいます。いきいきとしたC男の姿は、引きこもっていたときにため込んだエネルギーを爆発させているかのようです。

C男が作った「Requiem」という歌詞のなかに、引きこもっていたときのころの心境を言い表したかのようなフレーズがあります。

「暗い部屋で何も知らずに独りで行かなきゃと誓った」

「小さなその手がドアを叩きにきてそっとやさしく笑顔をくれた」

C男は当時、誰かに必死に助けを求めていたのだと思います。だからこの詞には、やっと助けに来てくれた、という喜びの感情があふれているように感じます。機会があれば、CDやライブでC男の歌を聴いてみてください。私はこの歌を聴くと、あのころを鮮明に思い出します。

引きこもりになった原因を、過去にさかのぼって考えてみました。

C男が幼稚園に入る前、ヘルニアの手術のために二日間都内の病院に入院しました。まだ幼く、なぜ入院するのか十分な説明をしてやれませんでした。面会時間が終わって「あしたまた来るよ!」と言うと、C男は泣きじゃくっていました。このことで、親と離れることがどれだけ心細く寂しいことかをC男に覚えさせてしまったようです。親と長時間離れてしまうような手術は、できれば自我に目覚める前、二歳ごろまでにおこなうことをお勧めします。

幼稚園では、いつもにこにこして誰に対しても愛想がいい子でした。五月晴れの日に園庭にシートを敷いて、遠足の真似をしてみんなでお弁当を食べたときのことです。C男はその日お腹の具合が悪く、急にトイレに行きたくなりました。ところが園庭からトイレに行くまでに間に合わず、そそうをしてしまったのです。このようなことがあったときは、先生方は動揺したりせずに「ほかのみんなもあること」だと認めてあげて、トラウマにならないように対応をしてほしかったと思います。Ｃ男はそれ以来、幼稚園に行く前になるとお腹が痛くなり、ぐずるようになりました。

そのころの私は、平日はほとんど夜中に帰り、土曜日・日曜日は家族とともに買い物に出かけるのが精いっぱいで、疲れのせいか口数も少なかったように思います。いつも仕事のことで頭がいっぱいで余裕のない私の顔つきを見て、Ｃ男はだんだんと近寄らなくなっていきました。このことが、Ｃ男と私が本音で向き合えなくなっていった原因の一つだったかもしれません。

やがて三歳半下の弟が生まれ、二人の息子をかかえた妻も生活リズムが崩れ、精神的にいっぱいいっぱいになっていきました。Ｃ男は、弟が生まれる前には感じなかった妻の険しい顔つきを見て、大好きなお母さんに嫌われないようにいい子でいようといつも頑張っていました。この頑張りがストレスとなって、徐々に不安を募らせていったのだと思います。

同じマンションの住人で、幼稚園への送り迎えをいつも一緒にしていたお母さんが言っていたことを思い出します。雨上がりの日に水たまりを見つけた息子は、面白がって水たまりに入ろうとしたそうです。妻は「入っちゃダメ！」と言ってやめさせましたが、そのお母さんは、子どもが楽しそうに入るのを見ていました。当然靴や服が泥だらけになっていましたが、そのお母さんは「また洗えばいいよ！」と平然としていたそうです。制約ばかりしてしまうと、いつも親の顔色をうかがって行動する子どもになります。自分で良し悪しを判断させるためにも、まずは好きなようにやらせてみることが大切なのだと、いまでは思っています。

幼稚園の年長のある日のことです。妻はいつもC男に「夕方五時に帰ってきなさい」と言っていたので、友達の家で遊んでいたこの日も、夕方五時のチャイムが鳴るとあわてて家に帰ってきました。ところが妻はたまたま買い物に出かけていて、家に入ることができませんでした。半べそをかきながらもう一度友達の家に戻ったのですが、その友達のお母さんが冗談で「お母さんはどこかに行ってしまった。もう帰ってこないんじゃない」と言いました。C男はからかわれているとは思わず、とても寂しくなり大泣きをしました。あとでその家の人が謝りに来ましたが、かなり傷ついたようです。ささいな一言といえども、大人の冗談はときとして子ども心をいたく傷つけることがあることを自覚しなければいけないと思います。それ以来、C男は妻のそばから離れなくなりました。親として、そのとき息子を強く抱きしめて、安心させてあげるべきだったと思います。負った心の深い傷を早い段階で癒してあげられたら、あとに引きずることなく回復できたのかもしれません。

小学校に上がり、C男は元気よく通っていました。勉強もよく頑張り、成績も良好でした。私は私立中学校に行かせようと思っていたので、家にいるときは一緒に勉強を見ていました。そのためか、親のプレッシャーを感じていたと、C男はのちに語っています。親によく見られたかったため、「勉強はいやだ！」と声に出せなかったのだと思います。小学五年生のときには、中学受験に備えて家の近くの塾に毎日通わせました。私は、大学に行って普通に会社に就職してもらいたかったのです。

ところがC男は夏前から体調を崩しがちになり、ある日「塾に行きたくない」と言いだしました。そのときは無理やり行かせましたが、腹痛や吐き気をもよおすようになり、ついに「塾をやめたい」と訴えてきました。その塾には、問題が解けない生徒をいつも怒っていた先生がいて、ほかの生徒が怒鳴られる様子を見て恐ろしく感じていたそうです。そして、解答を間違えたら怒られるというプレッシャーから、緊張のあまり腹痛や吐き気をもよおすようになったのです。C男の訴えを聞いて塾はやめさせましたが、そのときはこれがパニック症候群の兆候だとは気づいていませんでした。

C男のパニック症候群に直面したのは小学校五年のある日曜日、「恐竜展」に誘ったときでした。C男は、「腹が痛い！　行かない！」と言って玄関先で一歩も動かなくなりました。青ざめて脂汗が出て、心臓の鼓動が聞こえてくるぐらい激しく脈を打ってドキドキしていました。家に入って少し静かにしていると自然に治まりました。落ち着いた様子だったので「恐竜展」に行きましたが、C男はそのときのことを覚えていませんでした。そのときは、これがパニック症候群の症状だとは気がつきませんでしたが、もっと早く原因を突き止めていればよかったと思います。

C男は塾をやめてからも体調を崩しがちで、小学校五年の二学期から腹痛などで学校を休むようになっていきました。ある日、妻はC男が休むことを伝えるために学校に電話をしました。担任の先生がいなかったために教頭先生が電話に出ました。教頭先生は、担任の先生から息子が休みがちだと聞いていていて、Y市で教育相談をしているK先生を紹介してくれました。妻はK先生に相談に行って、その後私もK先生と話をしました。妻は、その後も定期的にその先生にC男の相談をするようになりました。

C男は市内の中学校に入学し、休みながらも学校に通っていました。私は自分の小学校のときを思い出し、同じようにカゼをひいたりお腹が痛くて休んだりしていたので、中学生になれば体が成長して体力もついて、健康になると思っていました。

神経がか細く敏感でなかなか人になじめない気質でしたが、K先生が担任になり、C男はやっと信頼できる先生と出会うことができました。K先生はサッカー部の顧問をしていて、C男を気にかけてくれ、C男も何でも相談していました。宿題も一生懸命にやるようになり、褒められたり叱られたりしながらも仲良くなっていろいろな話をしていたようです。

しかし中学二年生のとき、K先生は隣接の市の中学校に異動になりました。C男は、好きな先生がいなくなって相当がっかりして、新しい担任ともなかなかなじめませんでした。K先生と二年の担任をいつも比べていて、二年の担任は生徒みんなを見ていないし面白くないとこぼしていました。その後、新しい担任とも信頼関係をつくろうと努めていましたが、新しい先生との関係はなかなかうまくいかず休みがちでした。それでもなんとか登校していました。

ところが、二学期の初めに変化が起きました。席替えで、Kという生徒が息子の隣の席になったことがきっかけでした。Kは体が大きく、いじめっ子でいろいろな子にいやがらせをしていました。C男は、「やられることはなかったけれど、やられるのが恐くて学校から逃げるようにして休んだ。休むための口実がほしくて腹痛や頭痛がないか考えた。そうしているうちに本当に体調が悪くなった。朝、ふらふらしてベッドから起き上がれないことが増えた」と話しました。遅刻しながら学校に行き、校内でもパニックを起こして保健室で休むこともありました。席替えをしてほしいと担任のM先生に相談したようですが、替えてくれなかったそうです。さらに先生はC男がパニックを起こしていることをクラスの生徒に話したため、よけい学校に行きづらくなったようです。

Kのことがきっかけで C男は休みがちになり、M先生に紹介された心療内科に通うようになりました。毎週通院し、一週間の出来事などをいろいろと話して、薬をもらいながら治療をしていました。しかしなかなか学校に行けるようにならず、やがて引きこもりになりました。

引きこもりといっても、出かけるまでに時間はかかりますが家族と一緒ならどこでも外出できて楽しそうにもしていて、周りから見ると引きこもっているようには見えません。C男はこの時期を振り返って、「引きこもりになる前に自分の状態を回復させる方法がわからなかった。薬が効いている実感もなかったから、薬を飲んだと嘘をついた」と言っていました。

私は、「まさか、C男が一人で外に出られなくなるなんて思いもよらなかった」「何がきっかけになったのだろう！」ととても悩みました。心療内科に通っても一向に引きこもりから抜け出せず、この現実をどう打開できるのかわからなかったのです。

その後も、心療内科に通っていましたがあまり状況は変わりませんでした。C男には友達がなく、いつも妻が相談相手になっていました。私はこのままではまずいと思い、中学三年生の初夏、適応教室に相談に行きました。ベテランのH先生にC男の様子などを話したところ、親身に相談にのってくれました。H先生は二つの選択肢があることを教えてくれました。「療育センターで家族を含めたセラピーをおこなう」ことと、「学校への出席扱いにもなる適応教室に午後通って、個別指導で勉強をする」ことです。このときに適応教室を選んだことが、引きこもりからの脱出にさらに時間をかけてしまうことになるとは思いもよりませんでした。現状に対処するだけではなく、引きこもりの本当の原因を考える必要があったのです。そして、家族のピラミッドが崩れていることに気がついていれば、「療育センターで家族を含めたセラピーをおこなう」ことを選択していたと思います。

最近、妻に当時のことを聞いてわかったことがあります。妻がC男の不登校でへとへとになっていたころ、私は仕事一辺倒で家族のことを省みず、家では「無口でぼうっと」していました。そのため家庭のなかに父親の存在感がなくなり、いつしかC男は家族のピラミッドの頂点に立たされていたのです。C男はいつも母親を心配し、妻は息子に依存していました。その結果、C男は神経をすり減らし、そのストレスを一人でかかえてしまいました。「療育センターで家族を含めたセラピーをおこなう」重要なポイントは、存在感を失っていた父親が、セラピーの参加を通して家族を再構築することにありました。

療育センターの石川先生に無理を言って、初めてお会いすることになりました。年末の十二月二十七日のことです。私は出社を遅らせて会いに行き、現在高校を休学しているC男の進路について相談しました。石川先生は「必ず治ります」と言い切ってくださいました。先生のこの言葉で迷いがなくなり、私は治すためになんでもする覚悟を決めたのです。

そのころ会社では責任の重い仕事が増えてきて、療育センターで家族でセラピーをおこなうことは、当然会社の仕事を犠牲にしないと成り立たないし、場合によっては会社での立場が悪くなることも想定できました。しかし、C男を立ち直らせるための機会を得ることができたので、石川先生のもとで家族を含めたセラピーをおこなうことを決心しました。いま思うと、この自分の決断が家族に協力して問題に立ち向かう勇気を与え、その結果、息子を引きこもりから脱出させることができたのだと思います。

最初の課題は、ピラミッドの頂点に立たされている息子を本来の家族の位置に戻すことと、母親への依存を解消していくことでした。妻はC男が不安にかられていたときから一緒の部屋で寝るようになっていましたが、これを機に寝る部屋を別にしました。また、自分の物は自分で洗濯して、干し、取り込み、たたむことをさせるようにしました。そして、風呂掃除、食器洗い、ごみ出し、布団干し、ベランダの掃除、トイレ掃除、部屋掃除、新聞紙の整理などの家事を分担するようにしました。一方、私は、一週間のうち早く帰ってくる日を多くすることにしました。最初は早く帰れることが多かったのですが、結局一週間に二日程度に落ち着きました。

「家族を含めたセラピーをおこなう」ために、U市の教育支援のおかげで、療育センターから大学卒業したてのA先生とベテランのY先生の二人がサポートにきてくれました。セラピーを始めたころ、C男は療育センターに行くことに納得いかないようでだいぶ違和感をもっていましたが、週一回A先生と会話を続けていくうちに徐々に気持ちがほぐれていきました。息子は、その先生との会話が新鮮だったようで、楽しかったと言っていました。

ある日、A先生が「ピアノとギターで一緒に曲を演奏しましょう」と言ったのですが、練習も何もしてくれず、C男は、「A先生はいいかげんだ」と言っていました。そのときA先生に、「いいかげんでも許されることもある。いいかげんなことがあってもいい」と言われてかなりショックを受けていましたが、気が楽になったようでもありました。C男はここで、ときには肩の力を抜く「いいかげんさ」を覚えたと言っていました。

そうこうしているうちに「I家の世界」（粘土で家族の未来をつくっていく処方）を作ることになり、C男は紙粘土でアフリカの大地のような場所にライオン、キリン、ウマを作り、完成に近づいたころにユニコーンも作りました。妻はサイを作りました。その後、弟も参加してヒョウを作りました。私もこの「I家の世界」づくりに加わり、平日の午後に療育センターに行ってフンコロガシやカメ、トンボを作りそこに加えました。最初は戸惑いましたが、みんなで一緒に作業をすることはとても楽しいひとときでした。平日の昼下がりに家族全員が集まり、C男が考え出した「I家の世界」を作ったことはいまでも鮮明に覚えています。

療育センターはU駅から三十分くらいかかりました。セラピーが終わったあと、会社や取り引き先に向かったこともしばしばありました。それでも私は、家族全員で立ち向かうことが何より大事だと思い、療育センターに隔週で三ヵ月間通いました。

三月の初めに、石川先生から「留年した高校に復帰するときは初日がとても大事だから、会社を休んで連れていくこと」と言われていたので、私は息子を高校に連れていくために会社を休みました。C男は登校する当日、トイレに入ったりして調子が悪くなり、玄関から出ることができない状態でした。私はC男に「とにかく学校に行こう」と言って車に乗せました。C男は納得していない様子でしたが、とにかく学校に連れていきました。学校に着くと、C男は学年主任のM先生と二人きりで話をしました。C男は「一度家に戻ってからまた自転車で学校に来る」と先生に約束をして家に戻りました。しかし約束を守ることができず、結局その日は学校に行きませんでした。

次の日もまた一緒に連れていくことにしましたが、C男は「一人で行く」と言って聞かず、そのとおりにさせてやりました。そしてこの日、彼は登校することができました。自転車で学校に行く途中、たまたま中学校のときの友達に会い、話しながら学校に行ったそうです。「そのときその人に会えなかったら、きっと途中でくじけて行けなかった」と言います。

私にとっては、石川先生と約束したことを守るのは本当につらいことでした。「この日は絶対にひるんではいけない。この日を逃してはいけない。学校に行かせることだけを考えて対応してください」「過去の例からを考えると、この一カ月間は、毎日息子さんを学校に連れていくことを覚悟してください」。そう言われたことを思い起こして、この約束を守りました。C男は「父が自分のことを真剣に思っている」「何があっても絶対守ってもらえる」と実感してくれたのだと思います。

C男は自立する気持ちが芽生えたことで引きこもりから抜け出すことができ、高校に復学しました。また、これまでC男をいちばん上に立たせて追い詰めてしまっていた家族のピラミッド構造は、福祉センターの石川先生はじめスタッフの支援で、本来の姿に戻すことができました。

高校では女性の英語のY先生がクラス担任になり、いままでのことを話しました。Y先生には休むと必ず本人に電話をしてきて話をしたりときめ細かいサポートをしてもらいました。そのサポートのおかげで、C男は遅刻や欠席をしながらも一学期を過ごすことができました。

一方で、C男の神経過敏さを感じさせる出来事もしばしばありました。高校二年の夏前、二回程度しか会ったことのない妻方の伯父さんが亡くなったときのことです。私は告別式に出られず妻が出ることになり、C男も一緒に行きました。しかし、地下鉄での人身事故のために電車が停まり、車内に閉じ込められてしまいました。それ以来C男は電車が怖くなり、つい最近まで電車に乗ることができませんでした。そして伯父さんが亡くなったことがとても衝撃的だったこともあって、体重が五キロも落ちてしまいました。

それでも、高校には三年間通いとおし、いくつかの想い出もできました。沖縄への修学旅行も、飛行機にも乗るし集団活動があるので無理かもしれないと思っていましたが、周囲の助けもあって参加することができました。そして楽しい想い出をたくさんつくって帰ってきました。また、学園祭ではリーダーシップを発揮して、みんなをまとめて模擬店をおこない、少しながら黒字にもなったようです。

高校三年生になると、進路をどうするか話すようになりました。学校の成績はよかったので、あとは遅刻と欠席をなくし、英検二級を取ることができれば辛うじて推薦で大学に入れることがわかりました。C男は学校で猛勉強し、その当時付き合っていた彼女のお母さんが英語の講師だったので教えてもらい、見事英検二級に合格しました。また遅刻と欠席が極端に少なくなり、その年の十二月、三人という少ない推薦枠にもかかわらず市内の某大学に合格したときは、家族みんなで大喜びしました。「その当時のことはほとんど覚えていない」と言うC男ですが、それだけ無我夢中だったのかもしれません。自宅から学校まで自転車で二十分の距離を、とにかく無事卒業することを目標に学校に通っていました。高校生活では、彼女の支えもあって安心感を得たようです。男友達ができなかったのは残念でしたが、無事三年間を過ごせたことに親としてとても感謝しています。

その後、大学に入学したC男ですが、授業が難しく、音楽の道とも両立できなかったので、結局中退しました。ただし、いまでも再入学できる道は残っています。

引きこもりから抜け出すことができたC男ですが、父子の距離はそう簡単には縮まりません。C男は、父親から認められることを期待していました。父親から愛されていることを確かめ納得するために、時間があれば私にいろいろ聞いてきました。その問いかけに、私は真摯に答えました。

C男は、引きこもっていたときに話したことをいまでも口にします。「いろいろと将来の夢などを聞きたかった」「なぜ家にいてもこんなに不安なのかと悩んだ」「いまの自分を親に本当にわかってほしい」「ちゃんと向き合ってくれと思った」「壊れてしまいそうだった」「飴とむちがなく愛されている、受け入れられているという実感がなかった」「以前は、親というよりSさん・T子さんだったんだ」「夫婦仲がいいと実感できていないのでなぜか不安になった」……。私の記憶では、当時夫婦げんかはなかったはずですが、つい夢中になって話す私の声が怒鳴っているように聞こえたのかもしれません。また、そのころの私は休日も無口になっていて、C男から見れば話しづらい雰囲気で、もっと気軽にしゃべりたかったとも言っていました。それが私とC男の距離を離し、C男が父親に対して違和感をいだいて信頼感をもてなかった原因なのです。

最近になってC男は、「いちばん変わったのは夫婦仲なんじゃないかな」「おやじにもっと聞きたいことがたくさんある」「おやじが変わったよ」「おやじに愛されている」「いつも孤独だった。だけど親に頼ってもいいんだと思ってから楽になった」など、いろいろ話してくれます。またさらに、「両親が真剣に愛をもって俺と向き合ってくれた。恥じらいも捨て、心の言葉をぶつけてくれた。ちゃんと見守ってくれてるって思えたから安心できた。帰る場所が、安心できる場所が見つからなかったら外（学校）へ行くことはできなかったと思う」とも言っています。一方、妻は「お父さんが安定してきたから、私はC男とつながっているような気がする」と言います。

不安は伝染します。子どもに変わってほしいと願うなら、まずは自分をよく見つめ直してみてください。また、子どもは親の背中を見て育ちます。親としての自覚、責任を忘れないでください。そして子どもを冷静にちゃんと見てあげてください。そして愛してあげてください（ときには厳しさも必要です）。

石川先生の助言のおかげで、C男は不登校を乗り越えて家族の絆がいっそう深まりました。そして、C男を通じて夫婦関係もよくなり感謝しています。このごろのC男は「もう少し甘えていたい」ともこぼしますが、父親としては、C男が自信を身につけ、これからはしっかりと自分の足で歩いていってもらいたいと思います。そのためにはどうすればいいかがこれからの課題です。

引きこもりの兆候は、日頃のなにげない会話に隠されていることがあります。私自身気づけなかったという反省もありますが、そのサインを見逃さないことが問題のすばやい解決につながるのではないかと思います。また、引きこもりの期間が長くなると立ち直るのにかなり時間がかかりますので、早い段階で不登校や引きこもりを支援する団体や、実績のある心療内科に相談することをお勧めします。

2・4　まとめ

高校一年生で不登校になったA男（敬称略。以下、同）は現在、大学で心理学を学んでいます。自分と同じ経験をした子どもたちの援助をしたいと、進路を変更してカウンセラーを目指しています。A男は不登校から脱出したことでたくさんのことを学んだのでしょう。そして、両親をはじめ関係者に心底感謝しているのでしょう。進路変更が何よりの証左です。またそれを直接父親などに言わないことはA男が成長した証しでもあります。

A男の立ち直ったきっかけは高三の冬の父親の言葉です。「父親として私ができることはすべてやった」と父親は言い切ります。父親の努力のすべてはこのときにかかっていました。この言葉が言えるかどうかでA男の将来は大きく変化したでしょう。

A男は成人し、社会に出て結婚もして、いずれは父親としてその子に対峙しなくてはなりません。そのためには強い自我が必要です。立ちはだかる者としての父親を乗り越えてやっと手に入れるのがこの強い自我です。これを境にA男は短大進学を果たし、アルバイトをしながら社会的視野を広め、そして進路変更をして大学に編入学します。すなわち「父親としてできることをすべてした」という言葉は立ちはだかる者としての父親の実存を示し、A男にそれを乗り越えていけ、という父親からのメッセージだったのです。

たしかに父親としての役割は少々ぎこちないものでしたが、それゆえに懸命さがしみじみA男に伝わり、A男はA男なりの妥協点を見つけて進路をつかんでいったのでしょう。それはたぶん両親の処世術によく似た部分があるのだろうと推察します。A男の父親はいいモデルになったはずです。

B子は小学校のころからいじめを受けやすい子でした。両親が立ち上がったのは三女も不登校対応の学校に行きたいと言いはじめたころでした。母親は疲れ果て、姉妹で長期の不登校になっていたと思われます。来所した父親は開口一番に「父親が解決に参加したいのに蚊帳の外におかれている。どうして不登校の解決に参加してはいけないのですか？」と聞いてきました。母親は相談機関から登校刺激をするなと釘を刺されていて、父親がB子と接することを禁止していたのです。

父親が不登校の解決に参加して、まず母親が変わりました。焦燥感に打ちのめされていた母親が元気になり家庭の雰囲気が変わったのでしょう、ほどなくB子は登校の兆しを見せはじめました。そして一年に近い不登校にもめげず原籍校への再登校を果たしました。再登校のプロセスにみなさんも感嘆されると思いますが、両親の息の合った対応があってこその解決でした。その後、B子は高校に進学して大学に入学しました。専攻は福祉だと聞きました。たぶんA男と同様に、B子も不登校から脱出する際に多くのことを学んだのでしょう。進路選択は両親に感謝しているというB子からのメッセージです。

C男の父親は拙著『不登校から脱出する方法』の三四ページから四八ページの手記を書いた人物です。前著から四年経過したので、その後のC男の情報を開示してもらいました。不登校時にパニック障害を起こしていたC男はその後、二年で大学を中退し、セミプロとしてミュージシャンをしています。父親は、C男の八面六臂の活躍を、引きこもっていた期間がこの爆発するエネルギーをもたらしたのではないかと振り返っています。父親には「いまだから言える不登校解決」と題してあえて苦言を呈してもらいました。今回もC男は次のようなコメントを寄せてくれています。

「両親が真剣に愛をもって僕と向かい合ってくれた。恥じらいも捨てて心の言葉をぶつけてくれた。ちゃんと見守ってくれると思えたから安心できた。帰る場所が、安心できる場所が見つからなかったら外（学校）に行くことはできなかったと思う」

さらにC男は「子は親の背中を見て育ちます。親としての自覚と責任を忘れないでください。子どもを冷静にちゃんと見てあげてください。そして愛してあげてください。ときには厳しさも必要です」と、不登校や引きこもりに悩んでいる全国の父親に向けてメッセージを書いています。

Ｃ男の父親は時代の先端をいく職業に従事しているために不在がちで、家庭はさながら単親世帯のようでした。母親は子育てに悩み、唯一の相談役だったＣ男を頼りにしていました。そうしたＣ男が登校できなくなるのは自明のことでした。四年近く登校しぶりと不登校が続きました。その末の私との出会いだったのです。父親は職場の協力をとりつけて一カ月間Ｃ男の登校に付き添いました。父親の潔さはいまでも私の脳裏に焼きついています。フレックスタイムの出社制度があったとしても、職場の上司の理解を得て実行することはなかなか勇気のいることだと思います。Ｃ男の不登校の解決から多くのことを学んだのは本人ではなく、むしろ父親だったのかもしれません。

みなさんは三人の父親の奮闘をどのように思われましたか。たまたまＡ男、Ｂ子、Ｃ男は大学に進学しましたが、私は大学進学にこだわっているわけではありません。おそらく三人にとっての大学は自分探しのプロセスに必要な筋書きだったのでしょう。ちなみにＣ男は大学を中退して音楽家としての道を歩んでいます。

さて、次に私が援助した十事例をもとに十五歳から二十歳までの五年間の不登校の援助と解決の条件について述べましょう。

第2部　十五歳から二十歳までの不登校

第3章　十五歳から二十歳までの不登校の十事例

　ここでは実際に私が援助した十五歳から二十歳までの不登校の十事例を検討してみましょう。十五歳から二十歳までの五年間は思春期後半と青年期が交差する時期で、高校や大学の入学や就職など社会的な結果が求められることになります。そのため多くの子と家族は緊張と不安をいだきながらこの時期を迎えます。心身の発達のバランスの問題や自立をめぐる親子の葛藤、祖父母の介護の問題が浮上し、また両親の不和が顕在化する時期でもあります。この時期の不登校は家族の解体の危機をはらみながら進行する例もあり、一触即発の状態のなかで子が家族を維持している場合もあります。このように多様な形態がある不登校にどのように対応すればいいのかを検討したいと思います。

　まずはじめに私が援助した十事例を紹介し、検討をおこないます。みなさんにとってはさまざまな現実を知る機会になるでしょう。

3・1　十五歳から二十歳までの不登校の援助の事例

3・1・1　エリートコースを歩んできたすえに——事例1

　D男は当時十九歳。中肉中背でメガネをかけ、かしこそうな顔をしていました。D男は高校三年生の五月から登校できなくなり、ある精神科病院の思春期病棟に入院しました。D男は長男で両親は国家公務員、祖父は元校長で祖母は元教員でした。弟はD男と同じ名門校に通っていました。D男は大学まで続く名門校の小学部に入学し、成績も常にトップクラスで中学・高校と進学しました。そのうち祖父母は、付属の大学へは進学せず某国立大学にチャレンジするようにとD男を励ましはじめました。両親も、某国立大学の入学がD男の使命であり祖父母への孝行だと言うようになりました。特に父親は自分が教育者の道を外したことに罪の意識をもっていたので、D男に某国立大学への進学を強く勧めていました。

D男の手もみ行動が見られるようになったのは高校二年の秋ごろからです。食事中もぶつぶつ言いながら手もみをするようになりました。注意するとやめるのですが、すぐに再開しました。

そんななか、高校二年の三者面談で母親は担任からD男の成績が急落したことを告げられ、このままだと付属の大学進学も危ないと宣告されました。母親は担任に「家庭で何かあったのか」と聞かれましたが、特に思い当たることがありませんでした。母親は「どのように帰宅したのかもわからないほど混乱し動揺し絶望した。祖父母や夫にどう伝えたらいいかわからず、このままD男と一緒に遮断機をくぐり電車に身を投げようかとさえ思った」と回述しました。しかし母親の絶望はまだ始まったばかりでした。

帰宅後、母親は祖父母と父親に三者面談の結果を報告しました。父親はD男の部屋に怒鳴り込んで、「何をしているんだ、いまの時期になって成績を落としてどうするつもりだ」と詰め寄りました。D男は耳を両手でふさいで勉強机の前で震えていました。その夜をきっかけにD男の手もみ行動は激しさを増していきました。深夜、リビングでぶつぶつ言って手もみをしながら、ぐるぐると円を描くように歩き回る様子が毎晩見られるようになりました。不登校も始まっていました。

ある日、祖父はD男の部屋に行き「ちゃんと登校しなさい、そうでないといままでの努力が水の泡になる」と話しました。しかしD男は黙ったまま立ち上がり、祖父の胸を押して部屋から追い出してしまいました。帰宅してそれを知った父親は憤り、リビングで手もみしながらぐるぐる歩き回るD男に「手もみをやめろ」と大声で言いながら、手もみしていたD男の手を押さえ、ぶつぶつ言っているD男の口元を押さえました。D男は身をよじり大声を上げながら、父親を突き飛ばしました。そして駆けつけた母親や祖父母も突き飛ばし、リビングの六脚あるイスを窓に向かって投げつけました。ガラスが大きな音をたてて割れました。

近所の通報で警察署員が駆けつけ、D男は緊急入院となりました。私がD男に会ったのはD男の症状がやや落ち着いた段階のときでした。D男はぶつぶつ言いながら手もみをして、落ち着かなさそうにイスに座っていました。D男は「某大学に行かないといけない、合格しないといけない、勉強しないといけない」と同じことを繰り返し言っていました。

3・1・2 いじめられは不登校の原因ですか――事例2

E子は中学三年生。いじめられて不登校になったと母親が私の相談室に駆け込んできました。一カ月前、E子が泣いて登校をいやがったので理由を聞くと、いじめられていると話しました。母親はその日のうちに学校に出向いて担任に面会を求めたところ、五十歳代の男性教員は忙しそうに「いじめはないと思いますけど、一応調べて報告します」と話しました。

二週間後、担任はクラス全員のレポートを持参し、「E子さんのいじめを見た生徒がいないか調べましたが、誰も目撃していません。E子さんの思い過ごしではないかと自分は思います」とレポートを置いて帰りました。E子と母親はレポートを読みました。レポートには「ダサイ」「ウザイ」「キモイ」という文字が多数書かれていて、E子が仲間はずれになって当然のような文章もありました。E子は泣きながら自分の部屋に入ったまま、夕食にも顔を出しませんでした。

次の日に両親は校長に面談を中し込みました。しかし校長・教頭・生徒指導・学年主任・担任は「いじめの事実はない」の一点張りで、業を煮やした父親はその足で教育委員会の指導室に行って転校願いを提出しました。

二週間後、E子の転校は認められ、初日、E子は母親とともに登校しました。母親はこれで問題は解決したと思いました。しかし翌日、E子は制服に着替えたものの玄関に座り込んで、押しても引いても動こうとしませんでした。次の日、父親は玄関で座り込んでいるE子を登校させようとしましたが動かず、「何が原因なのか」と聞いても答えませんでした。E子はただ押し黙るばかりで、母親は困り果てて私の相談室に駆け込んできたというわけです。

E子の家族は小学生の弟と両親の四人。父親はサラリーマン、母親は専業主婦で3LDKのマンションに住んでいました。住まいは勉強部屋、居間、寝室と使用方法が分かれていて、当時はE子と両親と弟が川の字になって寝ていました。家事一切を母親がしきり、E子のかばんの中身のチェックは弟のそれと同時におこなわれ、ハンカチとちり紙は母親が交換します。風呂から上がれば母親が着替えを用意し、就寝時は歯磨きを母親から指示されます。E子はテレビを見る時間も寝る時間も弟の時間に合わせられていました。

それだけではありません。母親はE子と弟の髪のセットを毎朝おこなっていました。そして、嘘をつかないことや秘密をもたないことを何度も厳しく言い聞かせていました。E子は陸上部に属していましたが、二年生になったとき母親から受験に差し障ると言われやめさせられました。退部の手続きも、母親が中学校に来て監督に直接申し出たのです。

私は母親に以下の五点を実行するように申し出ました。①E子の部屋をつくること、②E子のことはE子に任せること、③E子に家事の分担と相応の小遣いを与えること、④E子に携帯電話を持たせること、⑤中学二年生の女子なりの秘密を脅かさないこと、の五点です。母親はきょとんとしていましたが、「ともかく実行します」と言って帰宅しました。

ほどなく登校を開始したE子はすっかり中学二年生の女子らしく変身していました。E子は小遣いで週末に同級生とファストフードを食べに出かけ、衣服も友達の情報を得ながら選りすぐりました。もちろん高校も友達と一緒にチャレンジして合格を果たしました。報告に来所した母親は「よかれと思ってしたことが逆の結果になることもあるのですね」と語りました。

3・1・3　江戸時代からの暖簾《のれん》を守るF家の苦悩とF男の不登校――事例3

F男は高校二年生。都内の進学校に在籍。江戸時代から続く老舗の次男です。家族は曾祖父・祖父母・両親と叔父とF男の七人。名品と名高いが時代の移り変わりで近年は売り上げに陰りが見られるといいます。店には独身の父親の弟、離婚して子どもを引き取った妹など親族数人が関わっていました。母親は職人全員の食事を作るのが日課です。F男の兄は遠方の大学に進学していて、なかなか帰省しません。兄は早々に「家の仕事は継ぐ気はない」と宣言していたので、親族間ではF男が店を引き継ぐという暗黙の了解が成り立っていました。

両親は見合い結婚で特別に不和ではありませんでしたが、昔かたぎの父親との対話は一方的だったと母親は述べています。二年前に曾祖父の介護のことで親族同士がもめ、母親はF男を連れて一時里帰りしたことがありました。来所した当時も曾祖父は認知症で入退院を繰り返していました。親族間では曾祖父が存命中に資産の分配をすませたいという話が進行していて、店の存続を主張する祖父・父親と親族が対立し、激しいやりとりが繰り返されていました。また当時、地上げ屋が暗躍していました。

そのようななか、F男の症状は突然に出現しました。ある日、朝食を食べに来ないので母親がF男の部屋に行ったところ、F男はベッドにもぐり込んで「もう学校には行かない」と繰り返しました。父親が登場しても、祖父や祖母が登場しても、F男はベッドから出てきませんでした。それまでのF男はスポーツ万能で成績優秀、小学校では健康優良児、中学校も皆勤賞で表彰されるほどで、特に野球では並み外れた能力があって推薦で高校に入学できました。そのF男がベッドにもぐり込んで登校できないでいたのです。その落差に両親はショックを隠せませんでした。母親は胃ケイレンを起こし祖母は血圧が上がり、両者は支え合うようにして面接に来ました。

F男は結果として高校を中退、大検予備校から大学に進学を果たしました。その変化はまさに劇的で奇跡とも呼べるものでしたが、それは奇しくも両親の変化とパラレルな関係にあったようです。つまりこういうことでした。

両親は江戸時代から続く店の暖簾の存続という重い課題を背負わされていました。しかし店の売り上げの減少は明らかに時代の移り変わりを物語っていました。秘伝の工法は非効率的で採算が合わず、経営は行き詰まっていました。そして曽祖父の認知症。親族は土地と店の売却を求め、資産を分配するように要求しました。威厳に陰りが見える祖父は父親に肩代わりを要求しました。しかし父親は重責をまっとうすることができず酒に逃げたのです。

変わったのは母親でした。母親は、「何も決めないお父さんはふがいない。お父さんはどうしたいの、はっきりして」と大声で毅然と言い放ちました。いままでつつましく陰に隠れていた母親の変化に、父親はたじろいで言葉を失いました。それから日をおいて父親は「店は存続する。分配できる土地は分配する。去る人間は去って結構。祖父と私でできるときまで店は続ける」と言い放ちました。そしてF男を前に「お前は好きにしていい。オレも好きにする」と話しました。F男は「わかった」と短く答えました。そして翌日から、F男は大検予備校に通いだし、大学に入学を果たしたのです。専攻は情報工学。父親は「私も若いころ、機械いじりが好きだった。本当は整備工になりたかった」それを母親の一声で思い出した」と言っていました。

3・1・4　母親の代弁者を買って出たG子の摂食障害の意味——事例4

G子は高校一年生。いわゆる帰国子女。高校入学では大変な思いをしました。九月に帰国して入学先を選定する際にまず受け入れ先が限定され、さらに入学してからも厳しい条件が課せられました。つまり半年間の遅れを挽回するために特別に課題が設定され、課題達成が厳しくチェックされたのです。G子の心身は次第に悲鳴を上げるようになっていきました。

G子の拒食症状が出たのはそのような折でした。母親が料理した夕食には手をつけず、コンビニエンスストアで買い込んだデザート類をむさぼるように食べ、そして直後にトイレで吐きました。学校へは休まずに通っていましたが、登校する前に、教科書の忘れ物の点検と自分の部屋の電気の消し忘れの確認、さらにトイレの用足しと髪の毛のセットを執拗におこなうという確認行為が出始めていました。朝五時半に起きて二時間半かけて仕度しても満足せず、登校の時間が迫るとパニックを起こして悲鳴を上げ、カッターナイフで手首を切ることもたびたびありました。

G子が私のもとに訪れたのは高校一年生の秋口でした。極度に痩せた肢体をコートにつつんで、貧血でまばらになった髪の毛を肩までたらしていました。家族は会社勤務の父親、職場結婚して現在は専業主婦の母親、昔幼稚園の園長をしていた父方の祖母、小学校高学年の弟の五人家族。祖母所有の家屋に住んでいて生活は裕福でした。来所当時は登校できない状態が三週間続いていました。

私は大学病院の思春期外来に行って拒食症の治療を受けるようにと紹介状を書きました。母子は治療を受けはじめ、並行して母子関係の修復を心理面接でおこない、あわせて進路変更を検討することにしました。父親は出張が多く面接は期待できませんでした。

G子は面接室で「自分のイメージが極度に悪い」と苦しそうに語りました。そしてB4の画用紙の隅に小さく黒い線で後ろ姿の自分を描きました。同席していた母親はその絵を見ながら、「存在がなく家の中で縮み上がっていて何も言えない」と語りました。母親は結婚当時から幼稚園の園長をしている祖母に対して無力感をいだいていました。そして完璧な執事のように家事をこなし、良い嫁、良い妻、良い母親として振る舞ってきたと振り返りました。自分のイメージが極度に悪いのは母親も同様でした。

次の面接でG子は五歳のころの自分を描き、近所の子と公園で遊ぶ活発な子だったと振り返りました。G子は当時の家族の様子や幼稚園の友達の話をし、母親は「そんなふうに楽しかったときもあったね」とG子と思い出話にふけりました。そして母親は、「祖母の育児への口出しが強いストレスだったけど、まったく反抗できなかった」と述べました。母親は実母を幼少時に亡くし、祖母を母のように慕い、絶対に逆らわないいい娘になろうと決めていました。それがG子の生きづらさに影響を与えていた、と述べて泣いていました。

面接は半年間おこなわれました。半年後にG子は自分で選んだ高校に入学し直し、安定して登校できるようになり、不登校の問題は解決しました。拒食症状も確認行為も消失し、友達とも打ち解けるようになるなど対人関係上の変化も見られました。母親は祖母に対する遠慮をやめてパート勤務を始め、最初の給与で自分のブラウスを買ったりしました。母子関係は言い争いやぶつかり合いが増えましたが、ごく普通の思春期の子をもつ家族になりました。

3・1・5　青年時代よ永遠に……H男に課せられた両親の思い――事例5

H男は高校一年生。不登校から七ヵ月間引きこもりの状態でした。家族は二歳年上の姉と両親の四人家族で、両親はともに有名私立Z大卒でした。H男はZ中学を受験して失敗し、リベンジをかけてZ高校を受験するも再度失敗しました。そして進学した高校を入学当初から休み、七カ月間もほとんど家に閉じこもっていました。

私からの手紙で来所したH男は時間が止まったかのような雰囲気をもつ青年でした。それに比べて家族は元気そうで、声も大きくよく話しました。父親はかつてZ大学の名門スポーツ部に所属していて花形プレイヤーだったそうです。そしてチアガールをしていた母親と知り合って結婚しました。所属していたスポーツ部にはほかにも同様のカップルが数組あって、現在も親密に交流しているといいます。

母親は若作りの美人で、姉も母親によく似て活発な印象でしたが、両親の出身校であるZ大学ではない大学に進学していました。姉は、「私は私。専攻したい学科で大学を選んだ」と述べました。しかし、H男は家族のなかで居場所がないように身を縮ませていました。「H男」という名前はいまでも親密な付き合いがある仲間の子どもの名前と共通だと両親は話しました。

つまり両親とも同じZ大の同じスポーツ部の出身で、いまでも月一回の同窓会を開いている仲間がいて、その仲間で男子が生まれたら「H男」と名づけようと約束していたのです。「H男」というのはスポーツ部の当時の監督の名前でした。その結果、同時期に生まれた男子数人が「H男」と命名されたのです。そしてその数人の男子は毎月の同窓会に出席して幼いころから親交を深めてきたそうです。しかしながらその男子のうちH男だけがZ大学付属の小・中・高の受験に失敗しました。両親は非常に落胆し、「最後の大学受験だけは失敗しないでね」とH男に哀願しました。H男は頭を抱えて部屋に閉じこもるようになりました。

私はH男にB3の画用紙を渡して、「好きに描いて」と言いました。しばらくしてH男は左上から右下に向かって二本の線を描き右端に顔を描きました。そして「落ちていく龍」と題名をつけました。手も足もない生き物はただひたすら奈落の底に向かって落ちていくように見えます。大きく見開かれた目と口はH男の不安と焦燥感を表しているかのようでした。

私はH男の状況を十分に受け止めてから、画用紙を半回転させ、左側に龍の顔をもってきました。画面は左上に向かって昇っていく龍の絵になりました。そして両親に、「昇り龍になるために両親の知恵をください」と宿題を出しました。両親は当惑しながら帰宅しました。

そして一カ月後の面接で、「自分たちの価値観をE男に押し付けていたことを反省しました。面接からの帰宅時に姉からも指摘されました。私たちはH男にZ大に入学してもらいたかった。だから姉のたび重なる指摘にも耳を貸さなかった。落ちていく龍はH男だと気づきました」と母親は述べ、それを受けて父親は「私たちの青年時代を失いたくなかった。H男がZ大に進むことで再び青年時代に戻れると期待した。それがH男には負担だった」と述べました。両親はひとしきり涙を流していました。すっかり中年らしくなった両親の後ろ姿を見送りながら、私はH男が回復することを信じました。

事実、H男は大検受験から大学に進学したのです。ただし両親とは異なる大学へ。

3・1・6　I子は高校一年生・売春——事例6

I子は高校一年生。父親はI子が小学校高学年のとき、二年近く闘病生活を続けたあとに亡くなりました。母親は仕事をしていたので生活に困ることはありませんでした。母親の生きがいはI子の将来を思い描くことでした。いい高校に入学し、いい大学に入学し、いい企業に就職し、結婚して子どもに恵まれ、そして孫と楽しく暮らすこと。そのことが母親の希望であり楽しみでした。生活のすべてをI子の未来にかけ、つつましい生活のなかから貯蓄もしていました。

I子も母親の期待に添うよい子でした。近所でも評判のよくできた子でした。そんなI子が変化したのは高校一年の後半です。I子が通う高校は自宅から通学に一時間半以上かかり、I子は部活のあるときや課題制作をするときは帰宅時間が夜十一時を過ぎることもありました。それでも必ず母親へ連絡の電話を欠かしませんでした。

ある日、I子は「宿題を一緒にしたいのでQ子の家に泊まりたい」と電話をしてきました。母親はQ子宅に電話をしました。Q子の母親は「心配しなくても大丈夫ですよ」と快く引き受けてくれ、母親は安心しました。しかし数日をおかず再度Q子の家に泊まることになりました。そうこうするうちに外泊する日が増え、帰宅する日のほうが少なくなりました。母親はいつしかQ子宅にお礼の電話をしなくなっていました。I子が「毎回電話しても迷惑よ」と言ったからでした。母親はI子の年齢では外泊が多いのもよくあることなのかもしれないと思いました。

そんなある日、I子は「課題制作でQ子たちと一緒にウイークリーマンションを借りて、泊まり込みで制作したい」と母親に電話してきました。I子は「何度もQ子の家に泊まって迷惑かけたから今度はウイークリーマンションを借りたい」と話し、「Q子たちも一緒だから」と言いながらQ子を電話口に出しました。母親はQ子の「おばさん心配しないで」という声に安心し、マンションを借りることを許可しました。何かあったら携帯電話があるから大丈夫、と自分に言い聞かせました。

I子のマンション暮らしは一週間に及びました。その間は毎晩、携帯電話で連絡がありました。しかし一週間ぶりに帰宅したI子はどこかよそよそしく、また見覚えのないブランドの財布を持っていました。母親が質問すると財布を後ろに隠し「Q子の叔父さんにもらった」と短く答え、すぐに自分の部屋に入ってしまいました。

そして再びマンション生活が始まりました。マンションはQ子と何人かで借りているらしく、折半すれば交通費より安くすむとI子は話しました。高校生なら下宿している子もいるし、食事はコンビニエンスストアで買えるし、Q子たちと一緒に勉強できるので一石二鳥と話しました。母親は見知らぬブランドの小物が増えていくことに疑問と不安を感じていましたが、一人っ子のI子が友達と一緒にいたいと思うのも無理はないと思いました。

そのような生活が三カ月経過した初冬に、母親は高校から呼び出されました。校長・教頭ら五人に囲まれて母親はただならぬことがI子の周辺で発生したことを知りました。担任が重い口を開きました。母親はにわかに理解できませんでした。I子とQ子らの同級生数人がウィークリーマンションを拠点に売春をしていたというのです。同級生の親が不審に思ってマンションを訪ねて発見したといいます。母親は面談の直後に私のもとを訪れました。

3・1・7　自力でイギリスに留学して父親を超えたJ男——事例7

高校二年生のJ男はすらりとしたスポーツ青年です。さらさらの髪をなびかせてさっそうと相談室にやってきました。家族は私立大学卒でサラリーマンの父親、高校卒の専業主婦で当時はパートを始めたばかりの母親、中学生の妹の四人家族。まずまずの生活ぶりでした。

父親の口癖は「節約。質実剛健。辛酸をなめよ。根性。底から這い上がれ」。父親によれば、自分は二流の私立大学出身だったので努力が報われなかった、だからＪ男は一流大学に進学して家族を幸せにするべし、というものでした。そのためＪ男は小学校のころから父親が宿題と予習に付き合い、そのほかに二時間の補習もしていました。そのかいがあってＪ男は小学校・中学校と成績は常にトップクラスで、高校も念願の一流校に入学することができました。

しかし高校は各地から実力者が集まっていて、Ｊ男がどんなに頑張っても成績は中の中でしかありませんでした。次第にＪ男は無力感をいだくようになり、そんななか、Ｊ男はサッカーに夢中になりました。もともとスポーツ万能でリレーの選手だったこともあって、高校サッカーでもすぐに頭角を現しました。しかし、そのことが父親の癇にさわり、「サッカーなどしても将来の足しにならん。やめろ。やめないと高校の授業料を払わん」と言いながら低落した成績表をＪ男に突き付けて、「サッカーをやめろ」と再三迫りました。

「サッカーをやめろ」と要求する父親と「やめない」と主張するＪ男の争いは日ごとに激しさを増し、父親は無抵抗のＪ男に殴る蹴るの暴行を加えましたが、それでもＪ男は「サッカーをやめる」とは言いませんでした。そこで思い余った父親はついに退学届けを提出したのです。Ｊ男は所属を失い、家の中での居場所を失い、私の相談室を訪ねてきました。Ｊ男はＢ３の画用紙に川を描いて「黄泉《よみ》の川」と題をつけ、自分の死体が流れていると語りました。大きな川に青年が一人流されていました。

J男との交流は一年近く続きました。来る日も来る日もJ男は新作の小説を持参しました。激しい殺人事件が連続して起こるストーリーに私はやや辟易しましたが、父親に対する激しい怒りが明らかに投影されていると感じました。一年近くたつと小説の内容が柔らかくなり、登場人物同士が対話する場面が出てきました。そして一年後、J男は早朝から午前までアルバイトをしてためた貯金をはたいて、一年間のイギリス留学を実行したのです。手続きもすべてJ男自身がおこないました。「なんでイギリス留学だったの？」と質問する私に、帰国したJ男は「イギリスは産業がほとんどない小都市でもサッカーを共有することで郷土愛をはぐくみ都市を維持している。それを実感したかった」と語りました。私は「J男さんは底から這い上がることを通して本当に強くなったね。現実を見つめ真実を追究するその姿勢はすばらしい。でも最もすばらしいのは、誰にも頼らず自力で実行したことだよ」と話しました。

その一年後、J男は地方の大学に入学しました。サッカーが盛んな大学で、専攻は社会学でした。父親が学費と生活費を仕送りしているといいます。

3・1・8　高校二年生のK子の首吊りと過食の意味は——事例8

K子は高校のトイレのフックに縄跳びの縄をかけて首吊り自殺をしようとしましたが失敗し救助され、病院に搬送されてそのまま入院しました。K子は進学校の特待生で、成績は優秀でした。家族は専門職の父親とキャリアウーマンの母親、年齢の離れた弟の四人家族。裕福な生活ぶりでした。両親の仲は特に問題なく、家族全員で幼い弟をかわいがっていました。

友達からいじめられているとK子が母親に打ち明けたのは、成績が落ちはじめて特待生の資格を失う直前でした。成績の優秀な生徒が集まるグループ内で頭角を現してきたP子が、見下すようにK子を笑ったことが発端でした。K子の告白を聞いた母親は、「もっと勉強をしてP子を見返しなさい」と言いました。K子はそれまでグループのリーダー格で、どちらかといえばいじめ役でした。成績が落ちはじめていじめられる側になったとき、K子はいたたまれなくなったのです。母親からもっと勉強しなさいと言われたものの、集中できずに成績は下がる一方でした。そして発作的に自殺を図ったものの未遂に終わったのです。

K子は二週間で退院しましたが、登校できない状態になりました。高校側は退学届けを出すように迫り、むろん特待生の資格は剝奪されました。家でパソコンの仕事をしている母親は無言で不登校のK子をながめていました。K子の家では失敗は許されませんでした。

そうしたなかK子の過食症状が始まりました。冷蔵庫のアイスクリームやバター、牛乳、ヨーグルト、マヨネーズ、野菜や果物などすべてを一晩でたいらげ、冷蔵庫の中が空になると菓子の入った戸棚からクッキーの詰め合わせやコーンフレーク、食パン、スナック菓子などを取り出してすべて食べました。一リットルのペットボトル二本を飲み、さらに両親の財布から金を抜いてコンビニで大量の食料品を買いあさり、それらをすべて食べ尽くしました。そのあと、トイレで食べたものすべてを吐くのです。

食べ物を口に入れるときには順番があり、効率よく吐くために水分と固形物をサンドにして飲み込んだといいます。また指をのどの奥に差し込んで舌のつぼを押すと難なく吐き出せるのだそうです。

ゲーッという音が出ますが、できるだけ大きな音を出すようにしているのは、K子がここまで苦しい思いをしていることを母親に知らしめるためだったそうです。失敗は許さないと繰り返し言った母親への仕返しだ、とことん落ちてやる、とことん苦しめてやると思っていたとK子は言いました。

私がK子に会ったのはK子が大学生のときです。大学へは大検から入学しました。しかし精神的不調を訴えてK子は休みはじめていました。K子は再びあらわれた過食症状の影響で、食べたら吐かないではいられず、しかし大学のトイレで吐くのはためらいがあり、結果として登校できなくなっていたのです。精神科で精神安定剤を処方してもらっていましたが、過食症治療の決め手となる薬はありませんでした。

ある日、K子は頬を赤く染めて来所しました。母親と初めて対決したといいます。非常に無口で、最近は賭け事に金銭をつぎ込む傾向がありました。いままでの不満のすべてをぶちまけ、最後は思いきり母親の頬を叩いたというのです。すっきりしたと胸を撫で下ろしていました。ところがK子は涙を流していました。母親を叩いた手が痛いというのです。

K子は「自分がどのような大人になればいいのかわからない。結婚は絶対にしたくない。自分と同じ苦しみを子どもに経験させたくないから、母親のようには絶対なりたくない。でもどう生きなくてはならないのかわからない」と言いました。

3・1・9　家族を守るために引きこもった青年L男——事例9

L男は高校一年生の秋から引きこもって一年以上たちます。高校は退学しました。家族はホテルガードマンの父親とパートの母親と姉の四人。都心のマンションに入居していました。父親は祖父の借金の返済に十五年以上も費やし、結婚したのは中年になってからで、口癖は「頼れるのは金だけ」。酒もタバコもたしなまないものの、賭け事が好きでした。いまの仕事は四回の転職の果てにやっと見つけたもので、当時は主任でした。父親は、職場で仮眠をとってほとんど帰宅しません。

母親は父親よりももっと働く人で、朝六時から夜十一時までの間に三つのパートをかけもち、さらに休日には地域のボランティアを引き受けていました。趣味は買い物で、高血圧症と糖尿病の治療を受けていました。母親は父親よりもさらに無口でした。四歳違いの姉は自称フリーアルバイターで三カ所のバイトをかけもちし、蓄財に励んでは外国旅行をする行動派でした。半年前にボーイフレンドができてから帰省していません。

面接受理時は核家族でしたが、それ以前は親戚の家に居候し、家賃をためていわゆる〝億ション〟を購入しました。入居して半年後にL男が腹痛で不登校になりました。L男はかなりの大柄、また非常に無口で、言葉を出すのに大変に時間がかかっていました。

L男はありとあらゆる病院で検査を受けました。しかしすべての病院で異常はないといわれ、最後の病院で「心の病」と診断され、私のもとを訪れました。精神安定剤と胃薬を処方されていましたが、安定剤を嫌って服用していませんでした。母子は父親の行きつけの商店主からの勧めで来所しました。

L男も母親も非常に無口で、面接室に重苦しい雰囲気が立ち込めていました。一緒に来所した父親もとても無口で三人を前に私は焦燥感と無力感にさいなまれました。沈滞した重苦しい雰囲気はおそらく家庭生活そのままなのだろうと思えました。私はB3の画用紙を持ってきて、「何でもいいから描いて」と言いました。父親がおもむろに箱のようなものを描きました。L男は重たげな動作で星と三角形と四角形を描き、母親はハートを描きました。父親は「箱」、母親は「愛」と題名をつけ、L男は「星が自分、三角形は母親、四角形は父親」と答えました。私が「箱の中に何が入っているの？」と父親に聞くと、「本当は家族が入ってほしいけど入っちゃいないだろうな」と寂しそうに笑いました。

そこで私はL男にはさみを渡しながら、「それらを切り抜いて父親の箱の中に入れて」と言いました。L男ははさみを持つと、星と三角形と四角形を切り取って父親の箱の中に入れました。家族が父親の箱の中に入りました。母親はハートを切り取って箱の中に入れました。そして母親は、「いいですね、あたたかい感じ」と感想を述べました。父親も初めてうれしそうに笑いました。L男は「まああです」と答えました。

その一カ月後、L男が父親に「旅したい」と言いだしました。父親は驚いて切符を買ってホテルを予約しました。L男は二泊三日の一人旅を実行しました。家族は旅行したことがなく、ただひたすら貯蓄に励んできたと振り返りました。そして私が出した「家族で生活を楽しむ」という課題を次々に実行していきました。その後、L男は何度かの失敗を乗り越えて就職を果たしました。父親が何度も失敗するL男を連れて就職先を探したのです。折しも家族は週に何度か一緒に夕食をとるようになっていました。

3・1・10　高校二年生・妊娠と出産——事例10

公立高校に通う真面目な青年と一人の少女が恋におち、妊娠しました。二人とも生徒会の役員を引き受けるほどの人望と活動力をもっていました。M子とN男は運動部のキャプテンでもあり、文武両道の両者は成績も上位に位置し、某有名私立大学の受験を目指していました。たまたま同じ進学塾に通っていたことで親密さを増していき、M子はほどなく妊娠してしまったのでした。

M子の父親は中堅企業の部長クラスで母親は専業主婦。N男の父親は専門職で社会的地位が高く、母親は父親の仕事を手伝っていました。二人とも長子で下にきょうだいがいました。都市近郊の高級住宅地に一軒家を所有し、裕福な階層に属していました。

まずM子の両親が私の相談室に駆け込んできました。たいそうな剣幕で、N男の家族を訴えると父親は憤りを隠しません。母親はただおろおろするばかりでハンカチで顔を覆っていました。問題はM子が子どもを堕さないと強く主張していることでした。そして父親は、M子に私から子どもを堕すように説得してほしいと頼みました。私は「そのようなことは私の仕事でない」と断りました。ただ「M子が話したかったら来てもいいよ」という手紙を書きました。

その二日後、今度はN男の両親が私を指名して来所しました。突然の来所なので当惑していると、父親は「あんたは女性か。だったら話してもしょうもない」と言い、そばにいた母親も疑い深そうな顔をして「M子に子を堕すように言ってください」と言いました。「N男はM子にたぶらかされたのです。高校生で子を孕むなんて恥知らずの子です。N男の将来がめちゃめちゃになってしまう。慰謝料を請求したいのはこっちのほうです」というのです。N男は父親の職業を継ぐことを期待された大切な長男でした。

二人は突然に来所しました。かしこそうな眼差し、日焼けしてたくましい体軀、真面目で純粋な面立ちの両者はたしかにお似合いのカップルでした。早すぎる妊娠と不登校以外は何の問題もないように見えます。私は「どうしたいの？」と聞きました。N男は「子どもを産んで育てる。高校を中退してアルバイトしながら夜間高校に行く」と言います。M子は「親から結婚の承諾をもらわないとだめだし、生活もN男のアルバイトだけでは不十分だから親から補助してもらわないとだめ。だけど自分も働きながら子育てして一段落したら夜間高校に通いたい」と答えました。さらにN男は「僕たちは大学もあきらめたわけでなく、ただ人より遅くなるだけ」と話し、「絶対に親のようにはなりたくない」とはっきり述べました。

二週間後、突然N男の両親が来所しました。大声で「N男とM子の所在を知らないか」と聞きました。私のもとに来所したあと友達の家を渡り歩いているのか帰宅しないので、中絶する時期を逃してしまうと大層な剣幕でした。たしか四カ月を過ぎると中絶でも死産届が必要になります。それを戸籍に傷がつくとN男の両親は気にかけていたのです。

「あいにく私は知りません。それよりお子さんの気持ちを理解しようとなさらないと」と私が話すと父親は制止して、「だからあんたじゃだめだ、来てもむだだった」とイスを蹴飛ばして出ていきました。ちなみにM子とN男の間には半年後に女児が誕生しました。その後は親戚のアパートでアルバイトをしながら二人で子を育て、大検受験の準備をしています。

３・２　まとめ

中・高生の不登校の実際の十事例を示しました。守秘義務から細部は変更していますが、実例ならではのリアリティを感じていただけたと思います。これらの十事例はみなさんの身の回りにいる家族とよく似た様相を示しているでしょうし、みなさんの家族の様態そのものかもしれません。みなさんはもうすでに気づいていると思いますが、どの事例にも悪人は登場していません。善良で実直な一般市民です。そしてその多くは知的にも経済的にも優れた家族で、両親はそれなりに子どもを愛していますし、子どもは勤勉で真面目です。それなのになぜ学校生活をうまく送れなくなっているのでしょうか。みなさんも一緒に考えてみてください。続いて十事例にみる、わからなさ、ひとつの解釈をそれぞれ振り返ります。

３・２・１　十事例の振り返り、わからなさ

事例１　Ｄ男は長期の精神科での治療が必要な状態でした。家族は一般的にいえば知識階層の堅実な家族で、懸命に子育てをしてきました。そのため母親は、成績の急落を知らされた高校からの帰り道に、遮断機をくぐり母子で身投げをしようとさえ思いました。Ｄ男の手もみとぶつぶつ言いながらぐるぐる歩き回る行動は、いったい何を意味していたのでしょうか。Ｄ男はなぜ六脚ものイスを窓ガラスにめがけて投げたのでしょうか。

事例2　いじめられて不登校になったE子は、転校後も登校できませんでした。制服に着替えたものの玄関にうずくまって登校を拒否しました。それがなぜ母親が生活を変えただけで登校を開始するようになったのでしょうか。いじめられて不登校になった場合、転校することで不登校が改善された例は私の知るかぎり多くありません。それはなぜでしょうか。私は母親に五項目の生活改善を要求しましたが、それは何を目的にした内容だったのでしょうか。

事例3　F家は江戸時代から続く暖簾の存続が重圧になっていて、さらに認知症の曾祖父の介護、地上げ屋の暗躍、親族間の葛藤とが複雑に絡み合って、家族解体の危機に陥っていました。そのようななかでのF男の不登校です。その不登校を解決したのは母親の一声、「はっきりして、お父さん」でした。父親はその一声で「店は存続する」と声を上げました。そしてF男に「お前は好きにしていい」と話しました。父親とF男の変化はパラレルな関係にありましたが、いったいそれはどうしてなのでしょうか。

事例4　G子は強迫神経症と拒食症から不登校になりました。G子は「自己イメージが極度に悪い」と私に話しました。G子は画用紙の隅に小さく後ろ姿の自分を描きましたが、母親はすかさず「それは自分だ」と述べています。そして次の面接でG子は幼いころに公園で遊ぶ自分を描きました。母親は「祖母の育児への口出しが強いストレスだったけど反抗できなかった」と述べています。おそらく母親にとっては公園で子らを遊ばせている間だけが、祖母の圧力から解放された唯一の時間だったのでしょう。それではG子の拒食症や不登校はどのような意味をもっていたのでしょうか。

事例5　七カ月間引きこもりのH男は肥満傾向を強め、自信なげで寡黙な青年でした。それに比べて両親と姉は自信に満ちて張りのある大きな声でよく話しました。両親はともにZ大学の出身でスポーツを介して知り合い、いまも月一回の同窓会で仲間と強い絆を分かち合っていました。その同窓会には「H男」という名前の子どもが数人いて、H男以外はすでにZ大の付属に入学していました。H男は絶対にZ大に入学しなくてはならなかったのです。そうしたH男の苦しみを理解したのは姉でした。しかしH男を救ったのはH男の描いた「落ちていく龍」です。両親は「価値観を押し付けていた」と反省しますが、急に老けて中年の夫婦になった両親はいったい何を経験したのでしょうか。

事例6　いい子だったI子は高校一年の後半から様子がおかしくなりました。Q子らと一緒にウィークリーマンションに泊り込んで帰宅しなくなりました。母親は見知らぬブランド物に疑問と不安をいだきますが、I子を信じるしかありませんでした。そして三カ月後、母親はI子が売春に関わっていたことを知ります。それではなぜ母親は疑問や不安をもちながら、I子の行動を阻止することができなかったのでしょうか。

事例7　高校でサッカーに夢中になったJ男は、「節約・質実剛健・辛酸をなめよ」などの強い信条をもつ父親との世代間ギャップに葛藤していましたが、父親の独断で退学届けを提出されたことによってとどめが刺されました。J男は居場所を失い、黄泉の川を下るがごとく私の相談室に流れ着きました。J男は殺人シーンだけの自作の小説を一年にわたり相談室に持参しました。私は少々辟易しましたが、確実にJ男は変化しました。J男は自力でイギリス留学を果たし、大検から大学に入学します。いったいJ男を支えた回復の力とは何だったのでしょうか。

事例8　首吊り自殺を図ったものの未遂に終わったK子は、その後進学した大学を中退しました。精神的不調から過食がやめられなくなったためです。K子は過食で苦しむ自分の姿を母親に知らしめようとしていました。しかし、なぜK子は母親に仕返しをするのでしょうか。K子は母親と対決して頬を殴っていますが、その手は時間が経過しても痛いと訴えています。それはなぜでしょうか。K子の家では失敗は許されない、とK子は述べていますが、それとどう関係があるのでしょうか。

事例9　L男は巨体でしたが、寡黙で縮こまって見えました。L男を除いた全員が大変によく働く家族で、全員が揃っての食事はここ数年途絶えていました。父親の口癖は「頼れるのは金だけ」。父親は祖父の借金を返済するのに十五年以上も費やし、その後も家族で懸命に働いて〝億ション〟を手に入れました。その半年後にL男は引きこもったのです。L男の立ち直りのきっかけになったのは一人旅です。一人旅はL男にとって何を意味していたのでしょうか。L男は何度か失敗しますが、就職を決めて働きだしました。いったい、L男の引きこもりはL家にとって何を意味していたのでしょうか。

事例10　高校二年生同士のカップルの妊娠と出産の事例です。折しもタレントの若年出産が社会を騒がせていた時代でしたが、それでも高校生同士の出産は珍しかったでしょう。M子とN男は真面目そうな好青年で、お似合いのカップルでした。私には反対する理由は見つかりませんでした。しかし親にしてみればショックを受けるのは当然でしょう。まして長子で家督の継承者と目されていたN男の両親にとって、認めがたいと思うことはわかる気がします。このようなとき、周囲はどのように振る舞えばいいのでしょうか。M子とN男の妊娠・出産は、両家にとって関係者にとって、何を意味していたのでしょうか。

たかが十事例、されど十事例です。私は臨床経験二十数年の間に相当数の中・高生の不登校事例に対応してきました。中学三年生から高校そして大学一年生にかけてのこの五年間は、思春期の延長でもあり、青年期のはしりであり、不登校も非常に個別性が高く、内容も一様でなく様態も変化に富み、したがって非常に対応が困難です。そのためこの年代の不登校に関連する研究書などの文献は多くはありません。小・中学生の不登校の研究書などの文献数に比べると非常に少なく、また内容も、いきなり引きこもりやニートの対応マニュアルと飛躍してしまう傾向があるように思います。たぶん本書を手にとっているみなさんも同じような感想をもたれたのではないでしょうか。十事例のわからなさは、おそらくこの年齢の発達と大いに関係がありそうです。それでは次に解釈を進めましょう。

3・2・2　十事例のひとつの解釈

さてここで再度、前述の十事例を振り返ってみましょう。

事例１　Ｄ男の手もみなどの行動は何を意味するのでしょうか。最初に思い浮かぶのは、Ｄ男が家族の過度の期待に耐えかねて精神的に追い詰められた、というのが一般的でしょう。次に祖父母の過度の期待を両親が緩和できなかったこと、両親はむしろ祖父母に加担してＤ男を追い詰めてしまったことが要因として挙げられるでしょう。父親がＤ男の行為をやめさせようとしたのは、身投げを考えた母親と同様に祖父母への申し訳なさが引き起こした行動だったと思われます。

それではＤ男はなぜ六脚ものイスを窓にめがけて投げつけたのでしょうか。もしかして、Ｄ男は何らかの手を打たないと両親がより重大な事件を発生させてしまう、と考えたのかもしれません。つまりＤ男は、両親もまた追い詰められていて予断を許さない状態だと考えた可能性があります。Ｄ男にとって唯一の選択肢は自分が入院することだった、そうすれば家族も両親もD男もいまの緊張から解放されると考えたのかもしれません。

事例2　「いじめられは不登校の原因ですか」のE子の事例です。E子はいじめがあった中学校から転校しましたが、その後も不登校を続けました。しかし生活を改善する五項目を母親が実行すると、E子は登校するようになりました。こうした例は私の相談室では、枚挙にいとまがないくらい頻繁に発生します。こうした例での課題は、本人に年齢相応の生活を送らせてやることです。それがなぜ不登校の改善につながるのでしょうか。ヒントは生活の仕方にあります。

E子の髪の毛は母親によって毎朝セットされ、通学カバンの中身も忘れ物がないか毎朝チェックされていました。また、靴も靴下も母親が買ってきたものを着用し、携帯電話は必要ないとして持たされず、部活は受験のさまたげになるとして退部させられ、テレビは弟と同じ番組を見せられ、弟と同じ時間に寝かされていました。そのような生活のなかでE子はスポイルされて、年齢相応の社会対処能力を獲得できていませんでした。

母親は「年齢相応に対応するという基本をどこかで忘れていました。よかれと思ってしたことが逆の結果になることがあるのですね」と語りましたが、そのとおりです。子育ては両目と両手を使って全身全霊でおこなうものではないのです。母親はパートを開始して社会のなかで自分自身を磨くことを始めました。母親の社会的自立は子どもの社会的自立のモデルなのです。

事例3　F家は江戸時代から続く暖簾を守ってきました。老舗の暖簾を引き継ぐ役割を期待されたF男は、高校二年生で不登校になります。しかしF男は大検受験の予備校から大学に入学しました。F

男は父親の跡を継ぎませんでした。その土地には現在ビルが立ち、店の痕跡もありません。都市が都市たるゆえんがそこにあるように、です。

父親は「本当は整備工になりたかった。それを母親の一声で思い出した」と述べ、F男に「お前は好きにしていい」と話しました。F男の変化は父親の変化とパラレルな関係がありました。F男はその後、大学で情報工学を学びました。いまはおそらくIT関係の職業に就いているものと思います。そしておそらく父親はそれでよかったと思っているでしょう。家族が家族たるゆえんがそこにあるように、です。E子の事例と同じように、同性の親は同性の子の生き方のモデルとなることを示唆した好例です。

事例4　強迫神経症と拒食症をもつG子の事例です。G子の自己イメージの悪さは母親自身にもあてはまるものでした。G子は公園で遊ぶ五歳のころの自分を描き、ひととき、母親と思い出話に花を咲かせました。そして母親は同居している祖母への思いを初めて口外しました。祖母を批判してはいけないと思っていた母親がです。

母親は幼いころ、実の母親を病で亡くしています。結婚してすぐに二人の子の母親になりましたが、同居していた義理の母親（祖母）は実の母親のようにずいぶんと助けてくれました。そのとき母親は、完璧にいい娘になろうと決心しました。しかしほどなく海外に赴任することになり、母親は欧米式の子育てを学びました。数年後に帰国して祖母との同居が再開すると、母親は愕然としました。退職した祖母はG子の育て方に口を出すようになったのです。

母親は葛藤しました。しかしそれら一切を言葉に出さず、良い嫁、良い妻、良い母親そして良い娘を演じていました。それを許さなかったのがG子でした。G子は、良い娘を演じている母親を目指して大人の女性になることはできなかったのです。G子はさまざまな症状で母親を揺さぶりました。その結果、私のもとにたどりついたのです。

母親は祖母を批判し、逃げる夫を非難し、いままでの生活の不満をぶちまけました。G子はけろりとした顔をして、別の高校に通いだしました。つまりG子の症状は母親を連れてくる口実だった可能性があります。それはあたかもF男の事例のようにです。

事例5　「H男」と名づけられた男の子がH男の周りに数人いました。H男以外は全員Z大付属の小・中・高校に入学していました。H男だけが受験に失敗したのです。そして間近にせまった大学受験。H家にとっては最後のチャンスです。けれどH男は合格する自信がありません。部屋に引きこもるしか方法はありませんでした。そんなH男が描いた絵は「落ちていく龍」です。奈落の底に向かって落ちていく龍はまぎれもなくH男自身でした。

H男が描いた「落ちていく龍」は家族の気づきを高めました。面接に同席した姉は帰り道で両親をたしなめました。姉は自分と両親の期待との間に一線を画すことができていました。そして、それができないH男の苦しみを理解することを両親に要求しました。次の面接までの一カ月間、両親は苦しみ、そして両親の青年時代を終わりにしようと悟りました。そしてH男なりの青年期を保障しようと。それは同時に、両親が中年期を迎えた親であると認めるということでした。急に老けたH男の両親は現実に目覚めたのです。

事例6　I子の変化は高校一年生のときに現れました。見知らぬブランドの小物を持ち帰り、帰宅も不規則になりました。そのとき母親は疑問や不安をもちましたが、I子に疑問をぶつけることはせず、I子を信じることにしました。どうしてなのでしょうか。母親に何があったのでしょうか。

母親にしてみれば五年前に夫を失い、そして今度はI子を失うかもしれないと怯えていたのではないでしょうか。母親は予測できない不安から逃避するかのように、理想とする将来像にしがみつき、現実を否認したのでしょう。おそらくI子の友達だったQ子の母親も同じようなタイプの母親だったのではないでしょうか。現実に直面するにはある程度の自我の強さが必要です。また自我の強さは支える人が周囲にいるかどうかでも影響されます。

I子の母親は私のもとを訪れました。つらい闘いの日々が始まりました。I子と対峙し続けるために自我の強化をしながら、生活を立て直していったのです。幸いI子は謹慎処分ですみ、高校生活を再開し、高校を卒業して就職することができました。聞くところによれば、除籍処分となったQ子の家は家庭崩壊し、Q子も行方がわからなくなったそうです。

事例7　イギリス留学を経て大検受験で念願の大学に入学したJ男の事例です。父親の強い信条で幼少期から勉強をさせられてきたJ男は、大学受験を前にサッカーに目覚めました。しかしそれは父親の癇にさわりました。やめろ、やめないで口論になり父親はJ男を殴り、そしてとうとう退学届けを提出してしまうのです。J男は行き場を失って私のもとを訪れました。J男は黄泉の川を流れていく自分を描きました。助けてくれ、と必死に訴えていました。しかし父親は面接に参加せず、母親はおろおろ泣くだけ。J男の周りに解決の資源は見当たりませんでした。

J男は小学生のころから父親が家庭教師となり勉強をみてきましたが、一方で父親はキャッチボールやキャンプなどにもJ男を連れていきました。一年間のJ男との面談の末、やっと父親との楽しい思い出話が出てくるようになりました。そして一年間の留学。J男は帰国後、アルバイトで大学の入学金をためて、自力で入学を果たしました。

J男を支えた「回復の力」とは何でしょうか。振り返ってみればJ男の行動は「節約・質実剛健・辛酸をなめよ・根性・底から這い上がれ」という父親の信条そのものではなかったでしょうか。父親があえて退学届けを出してそれを企図したとは思いませんが、J男の底力の源は父親とともに歩んだ道にあったのかもしれません。その思い出がなかったら黄泉の川を流れたまま生還できなかったでしょう。

事例8 首吊り自殺を図って失敗し病院に搬送されたK子は、その後回復して大学入学を果たしました。母親から逃れたいと遠方の大学を選んだものの、ほどなく中退して実家に帰り入院することになりました。

母親は仕事も家事も、そして一人の女性としても完璧でした。K子は完璧な母親という大きな壁を乗り越えることができずに過食を始めます。ゲーッという声を張り上げてトイレで吐き出す行為をしているとき、母親を痛めつけたという快感を味わえたし、生きている感覚を味わえたといいます。母親の前では死んでいるのも同然、というK子の苦しみは計り知れないものがありました。

しかしながら母親の冷ややかさはどこからきたものでしょうか。K子の母親もまたその母親から冷たく扱われ、唯一認められたのは百点満点をとったときだけでした。九十九点でもその母親は不満で、一点をどうして逃したのかと厳しく叱られたといいます。母親にとってK子を冷ややかに見つめる行為は、痛めつけている行為ではなく、厳しい社会の原理に負けないための条件を教えているだけだった可能性があります。父親は失敗が許されない職業に就いていました。過去に母親もその職業に就いていました。両親の家系は、代々高度専門職に就くことを使命としていました。厳しさを知り尽くした職業人ならではの子育てを母親は実践していたのです。

それをK子も知っていたでしょう。そうでしか愛せない母親の苦しみを知っていた可能性があります。K子は母親を叩いた手が痛いと泣きました。完璧さに価値をおくことでしか生きられない母親を憎み、そして愛するK子は、両価的な思いに苦しんでいたのです。

事例9　L男は引きこもって一年たちます。相談室での家族は押し黙り重苦しい雰囲気が充満していました。私は重苦しい雰囲気を払拭するために描画処方を施しました。父親は箱を描き、その中に家族が入ってほしいと言いました。不思議なものです。L男は自分と父親と母親を描いていました。さらに母親はハートを描いていました。あたかも申し合わせたかのようにです。それらはすべて父親の描いた箱の中に納まりました。母親は「あたたかい感じ」と述べ、父親はうれしそうに笑いました。

L男は面接直後に一人旅をしたいと言いだし、父親の協力のもとに二泊三日の旅に出ました。その後、何度かの失敗にもめげず就職も決めて働きはじめました。そのころになると母親は夕食を作りはじめ、姉も帰ってきて家族は再生を果たしたのです。

L男の引きこもりの意義は何だったのでしょうか。それになぜ一年間の引きこもりの生活から抜け出したのでしょうか。ひとつの解釈ですが、L男の家族は仕切り直しの儀式が必要だったのかもしれません。借金の返済、子育て、マンションを買うという目標の次の目標を見つけることができなくなってさまよっていたのでしょう。
L男の引きこもりは家族の意義や目的を考える機会を提供したのだと思います。L男が自分探しの旅に出たとき、家族も家族探しをしていたのでしょう。そのとき、家族は手段ではなく家族であること自体が目的だということに気づいたのではないでしょうか。

事例10　高校生同士の妊娠・出産の事例です。当時は高校生同士の出産はいまほど多くはありませんでした。だから双方の両親が混乱し互いに非難し合うというのは通例でした。特に社会的地位が高く後継者を必要としていたN男の両親の無念さは計り知れないものがあったでしょう。しかし子を思う気持ちはM子の両親も同じだったはずです。そしてこの問題には正解がないことが最大の困難でした。
つまり、どの選択にもリスクがともなうのです。N男とM子の将来は誰もわからないし、生まれた赤子が幸せに暮らせるかどうかもわかりません。産まないほうが賢明だという意見も間違いだと言い切れません。結論が出ないのです。ただ確かなのはN男とM子が産む決断をしている点です。問題はその現実に向き合い、関係者が産まれてくる子のためにどのように協力し合うかということでしょう。受け入れがたい現実でも真摯に向き合い、関係者が現実のなかで成長するしか選択肢はないのです。中絶を強要したり、子との縁を切ったりすれば問題は深刻化するばかりで何の解決にはなりません。それればかりか新たな悲劇を生む可能性もあります。幸いM子の母親の親戚がアパートを持っていて、母親の援助を得てM子は子を出産しました。N男はアルバイトをしながら大検受験に取り組んでいます。まさに「産むがやすし」だったのです。

３・２・３　十事例の振り返りと理解のまとめ

以上十事例を振り返ってみました。十五歳から二十歳までの五年間の実際にあった例ですが、どの問題も同じものはなく、内包する課題もさまざまです。とはいえ、いくつかの共通する水脈が観察できます。それは、前述した発達という側面のほかに家族、生活そして不登校の解決をめぐる問題です。次に、いくつかのキーワードを挙げて、さらに検討を深めてみましょう。

第4章　十五歳から二十歳までの不登校の四つのキーワード

この年齢の不登校をより深く理解するために四つのキーワードを挙げて検討します。①思春期と青年期のはざまの危うさ、②やさしさの虐待とその結果、③親の未解決な問題が子どもの問題を形成することがあるか、④生活問題としての不登校問題、です。では順を追って説明しましょう。

4・1　思春期と青年期のはざまの危うさ

思春期は子ども時代から子が脱出する時期で、心身ともに大きく変化します。第二次性徴に代表される身体の変化に、子も家族もそのときがきたことを知ります。そして、多くの家庭では家族の関係距離を変化させ、親は子の部屋をつくり、関与を減少させていきます。

青年期は大人の仲間入りを試す時期で、子がどのような大人になるかを模索する、一般的に同一性の獲得とかアイデンティティーの確立とか呼ばれる時期です。親からの自立と同時に、同世代との接近を果たし、恋愛にいそしむ時期でもあります。

このように十五歳から二十歳までの五年間は思春期と青年期が交差する時期で、それゆえ問題も多種多様です。経済的に自立している子もいれば、まったく親に依存した生活をしている子もいます。

この時期の子どもは、個人差が非常に大きいために対応が困難です。

たとえば、いじめられて不登校になったＥ子は生活のすべてを母親に依存していました。母親がＥ子の生活の全面介入からしりぞいて生活面での自立を促すと、Ｅ子は登校を再開して友達との交友を広げ、高校に入学しました。Ｊ男は父親との距離をおくためにイギリスに留学し、帰国後に自分が進みたい大学を見つけて進学しました。Ｆ男もそうです。父親から「お前の好きにしていい」と言われ、大検予備校から大学に進学しました。Ｌ男もそうです。一年の引きこもりの生活から一人旅に出て、就職を果たしました。Ｊ男とＬ男の事例からわかるように、自分探しは旅というかたちをとることがよくあります。Ｄ男、Ｋ子は自分探しの旅が始まったばかりなのかもしれません。

このようにアイデンティティーの確立は思春期・青年期を通して最も重大な課題ですが、この課題を達成せず大人になってしまうことがよくあります。たとえばＧ子の母親は幼少時に母親を亡くし、その痛手から回復することなく成人になり、親になりました。Ｇ子の母親はＧ子の問題解決を通して親であり成人である自分に出会ったのです。母親が母親である自分に対峙したことで、Ｇ子はＧ子自身の発達課題に対峙できるようになりました。それはおそらくＦ男やＨ男、Ｊ男、Ｌ男も同様だったと思います。そしてＤ男とＫ子の両親の自分探しの旅は始まったばかりなのです。

4・2　やさしさの虐待とその結果

やさしさの虐待と不登校の関係については『不登校と父親の役割』『不登校から脱出する方法』の

両著に詳しく論じていますので、ここでは概要を説明するにとどめます。「不登校の子にやさしくしろ」という思いはわが国の一般的な認識といえるでしょう。「不登校の経験はきっと将来役に立つのです」「不登校していたっていいじゃありませんか。大事なのは個性です」「不登校の現象はいまや日本社会の一般現象であってあなただけではないのです、堂々としていていいのです」「学校に行かなくたっていいじゃありませんか。あなたらしく生きていけば」という言葉に代表されます。

そうした周囲のやさしい言葉に誘われて長期にわたり公教育から除外された子らの将来は、いったい誰がどのように責任をとるのでしょうか。多くの子は基礎学力がなく基礎的な対人関係能力もないまま学校を卒業させられてしまいます。そうした子の将来を誰がいつどのように責任をとるのでしょうか。問題は親が亡きあとの生活をどうするかです。きょうだいや親戚がその子の生活を見るのでしょうか。不就労の権利が保障されているわけではありません。また不登校の子だけが大人にならないというわけでもありません。何も保障されていないのに、保障されているかのごとくやさしく接することを私は「やさしさの虐待」と称して、ネグレクトの一形態だと考えます。

ちなみに、前述したのはおもに援助者や関係者が用いるやさしさの虐待ですが、家庭内にもやさしさの虐待はあります。みなさんもおわかりだと思いますが、代表的な事例はE子の母親です。しかしE子の父親はどうでしょうか。父親は、中学二年生になったE子が小学生の弟と川の字になって寝ているのを知りながら放置していました。母親による忘れ物チェックも知っていたはずです。でも父親は見て見ぬふり。父親は母親によるやさしさの虐待に加担していたことに気づきもしないまま、見て見ぬふりを続けました。むしろ、いいことをしている気分で川の字になって寝ていた可能性があります。欧米ではこの年齢の子の寝室を別にしないと児童虐待として扱われます。

もう一例は、一年間の引きこもりのL男です。やさしさばかりのなかで、L男は何が現実で何が自分の達成課題なのかわからなくなっていました。行き先が見えなくなって不安になり、パソコンにしがみついていました。ネットのむこうに現実があるような気がして、ネットから目が離せなくなりました。母親は三つのパートの間にL男の食事を作り、冷蔵庫の中をL男の好物でいっぱいにしました。昼夜逆転の暮らしと乱れた食生活に危機を感じたのは父親でした。そのまま放置しておくと、L男は一生引きこもりになってしまうと父親は心配しました。肥満傾向も放置できない状況でした。

しかし父親もまた一年間、一切の刺激をせずL男を見守っていました。いつかきっと自分の力でなんとかしてくれる、と信じて。耳に聞こえがいい言葉ですが、無為の理由づけに使われることがよくあります。I子の場合もそうでした。母親はI子を信じるとして無為をしました。そのすえに、売春というただならぬ結果を防止することができませんでした。L男とI子の親は、子の行為の選択は子にすべての責任があると考えていたのでしょうか。幸いL男もI子もそれなりの道を歩みはじめましたが、I子もL男も、家族解体から糸の切れた凧のようにどこかに飛んでいってしまったQ子と紙一重だったのです。このように無為が放置や遺棄と同じ虐待となりえる点は注意が必要でしょう。

4・3　親の未解決な問題が子どもの問題を形成することがあるか

子どもは親の期待を裏切って成長するものです。期待を裏切ることでしか自立した自己を築けない宿命があるともいえます。親の期待はたいがい、社会の価値基準を取り入れてそれを強化したものです。たとえばD男の両親はD男を某国立大学に入学させようと躍起でした。弟も付属の中学校に進学してエリートコースを歩んでいました。D男の家にはエリートになるという以外の道筋は用意されていませんでした。それはH男も同様です。Z大学に入学しなければ両親は同窓会にも参加できなくなってしまいます。それはI子、J男、K子も同様です。

しかもD男の両親は祖父母からの過期待の重圧を緩和できなかったばかりでなく、むしろ加担しています。そうした多重構造のなかでD男が自己を確立することは容易なことではありません。精神を病んで病院に逃げ込むことでしか、D男は生きていけなかったのかもしれません。同じ境遇でもH男の場合は姉という解決資源がありました。加えてH男は絵を描くことで解決の資源を自ら提示しました。H男はその後、Z大学ではない大学に入学しました。H男の言葉があります。「おれは絶対に親の価値観を子どもに押し付けることはしない。それだけは学んだ」

同じように「母親のようには絶対にならない」と言ったK子はどうでしょうか。母親は「長子は完璧であれ」という家訓の実践者です。母親自身がその親から完璧さを要求されてきました。本当は家訓に対して疑問や矛盾、理不尽さを母親は感じていたでしょう。だからK子は苦しんだのです。ただ憎むだけだったら少しは救われたからです。

その葛藤はあたかも拒食症のG子と表裏一体です。母親は幼いころに実母を亡くし、義理の母親を実の母親のように慕い、いい娘を演じてきました。それを許さなかったのはG子です。拒食症や強迫行為、不登校で母親を揺さぶりました。そしてついに母親は、祖母への不満を初めて口外しました。

逃げる夫への憤りも爆発させて私は茫然としました。そのころG子は小学校の同級生がいる高校に入学を希望し、通いはじめました。G子の変わりようは大きな仕事を終えた達人のようでした。

このように親の未解決な問題が子どもの問題を形成することはよくあります。子どもの問題にすべて親の未解決な問題が潜んでいるとは言いませんが、人が生きることは問題を生きることですから、子に影響を与える何らかの問題は常に生活上に発生しているでしょう。ただ親の問題に巻き込まない配慮をする親と、巻き込む親がいることは事実です。またK子の母親のように巻き込みたくないと思いながら、巻き込まざるをえない状況にある母親もいます。

N男とM子の妊娠と出産についても、何らかの家庭内の問題があって二人は妊娠と出産という方法で家族の巻き込みから脱出したという理解も成り立ちます。妊娠はこの年齢ではよくあることですが、出産までいく例は少ないからです。家庭内の問題には、親を育てる子どもの苦労という側面もあることを知る必要があるでしょう。

４・４　生活問題としての不登校問題

不登校は一般的に教育問題、心理的問題、家庭問題あるいはわが国の社会を象徴する問題だととらえられています。私はどの考え方も正しいと思います。そうしたなか、私は社会福祉学的側面から不登校問題は生活問題だと認識しています。生活というのは学校生活と家庭生活と地域生活をさします。子どもと家族は生活するうえで困難をかかえていて、その生活困難から二次障害として社会的不利が発生すると考えます。ですから、不登校問題は生活問題として扱い、早期に子と家族を援助し、二次障害や社会的不利の発生を回避する必要があります。

生まれたときから不登校の子はいません。現に不登校であっても子の人格のすべてが不登校ではありませんし、生活のすべてが不登校でもありません。一方、親も不登校の子を産んだわけではありませんし、不登校にしようと育てたわけではありません。まして家族の全員が不登校ではありませんし、不登校の子がいるからといって特殊な家族ではけっしてありません。

しかし、だからといって現に不登校の状態にある子と家族の苦しみは変わりません。おいてきぼりになる焦燥感や無力感、将来の展望を絶たれるような悲壮感、経済的な不安感、家庭内に立ち込める重苦しい雰囲気、誤解と偏見に満ちたメディアの扱い、近所の目、親戚からの非難、それらから生まれる絶望的なストレスは毎日毎日積み上げられ、家庭内での抗争や非難の応酬が発生します。抑うつになって落ち込んだりする人もいます。また効果の見えない援助から絶望感を深め、地域から孤立し、学校ともうまくいかなくなることもあり、子どもは部屋に閉じこもりがちになります。さらに中学校や高校の所属を失えば子は家から出る理由を失い、友達とも疎遠になり、地域からの孤立を深めます。引きこもりの発生です。一年以上家から出なければ、今度はそれが理由で社会参加の機会が狭まります。

十五歳から二十歳までの五年間は、思春期と青年期が交差するうえに高校受験や就職、大学受験という社会的試練があります。そうでなくとも子と親は追い込まれますが、不登校の状態にある家族は一般家庭よりもさらに強いストレスにさらされることになるでしょう。問題はそうした不登校の子をもつ家族の苦しみが、援助者や関係者によく理解されていないことにあります。援助者にとって不登校は青少年の問題の一つであり、たくさんある仕事のなかの一つです。しかし家族にとって不登校は、最大で唯一の問題である場合が多いのです。それはいみじくもA男の父親が冒頭で述べているとおりです。両者にとっての問題の重さが決定的に違うのです。

イギリス留学のJ男の場合、サッカーに夢中になるJ男に父親は憤り、高校に退学届けを出してしまいます。またD男の母親は、遮断機をくぐりぬけD男とともに投身自殺を図ろうとさえしました。J男の父親もD男の母親もごく普通の子を愛する親なのにもかかわらず、こういった行動に出てしまったのです。こうした現象は不登校者の親に限らず発生する可能性がこの時期にはありますが、家族が疲弊している不登校の子がいる家庭では、より深刻な事態に陥りやすいといえるでしょう。その点を社会は理解しなくてはならないと思います。

一方、江戸時代からの暖簾を守っていたF家の場合、母親の一声で父親は決断し、「おまえの好きにしていい」とF男に話します。F男は大検受験の予備校から大学に入学しました。F家は早い段階で社会的援助を求めてきたため、生活に社会的援助が介入することで短期に解決に向かいました。それはD子やG男、H男、L男も同様です。このように生活問題として不登校を援助する際は、本人を含む家族全体の生活を見直すことで、二次障害や社会的不利の発生を防ぐという目的があります。

ここで重要なことは第2章のA男・B子・C男の父親が述べているとおり、家族があくまでも解決の中心であり、家族の熱意が子を立ち上がらせるという基本を忘れてはならないという点です。社会的援助は万能薬でも魔法の薬でもなく、ただ家族の回復する力を引き出すだけなのです。

第5章　十五歳から二十歳までの不登校の特徴と援助の方法

前章では十五歳から二十歳までの五年間の不登校の背景を四項目のキーワードから読み解きました。小・中学生とは異なる発達課題があることをみなさんは理解できたでしょう。また子どもの発達課題の達成は家族の発達と複雑に絡み合っていることも理解していただけたと思います。さらには不登校をめぐるわが国の偽解決パターンにも気づいていただけたでしょう。続いて本章ではこの年代の不登校の特徴と援助の方法を論じることにします。

5・1　十五歳から二十歳までの不登校の特徴

中学生までの不登校に関しては前著で詳しく論じているので、ここでは十五歳から二十歳までの不登校に焦点を当てて述べることにします。まずは表1を見てみましょう。この表は現代の不登校のかたちを生活のタイプ別に六つに分類したもので、対象は中学生までです。①医療型、②慢性型、③解放型、④校内型、⑤校外型、⑥非行型に分けています。概要を説明しましょう。

①医療型不登校は、医療機関が解決の中心となる不登校で、心身の治療が優先されます。②慢性型不登校は福祉機関が解決の中心となる不登校で、長期の在宅の生活から昼夜逆転や抑うつ、肥満や家

庭内暴力などの二次障害が発生している場合が多く、生活改善が必要です。③解放型不登校は、家庭が解決の中心の不登校で、不登校以外には問題がなく、在宅でも明るく生活しています。しかし放置しておくと慢性型などに移行する可能性があります。これも生活改善が必要でしょう。④校内型不登校は、家族と学校の協力のもとで解決を志向する不登校です。保健室や相談室から教室に入るように、両者が協力して取り組むことが必要です。また学校生活と家庭生活の両面の改善が必要です。⑤校外型不登校は、学校が解決の中心となる不登校です。出席をとったあとに集団で学校離脱をおこないます。そうした行為を阻止し公教育を受けるように、教員は指導する必要があります。また、学校生活と並行して家庭生活の改善も必要です。⑥非行型不登校は、学校と警察署や児童相談所が協力して、非行の防止と公教育を受けるように指導することが必要です。学校生活と家庭生活、地域生活など、子を取り巻く環境の改善が必要でしょう。

この類型化は私の二十数年にわたる千件以上の援助の経験から導き出されたものですが、その目的は、多様性を特徴とする現代の不登校の援助には、多様な形態が必要だと主張するためです。当然のことですが、不登校の型に見合った援助が提供されるべきで、ある一つの援助の形態がどの型の不登校にも適用できるわけではないのです。しかし残念ながら現状は、どこでも誰にでも適切な援助が提供されているとはいえません。

さて、ここで前述の十事例を右記の類型にあてはめてみましょう。D男は精神科入院が必要でしたから医療型に該当するでしょう。E子は一カ月間明るく不登校をしていましたから解放型といえるでしょう。F男は一年間不登校でしたが、その間予備校に通っていましたから私の類型に該当しません。

	●医療が解決の主体になる 不登校の特有の症状との見極めがつきにくいときは早期に医療機関で確かめる必要がある。入院・薬物による治療と並行して個人精神療法や家族療法が必要となる場合もある。主治医と相談のうえ学校復帰は段階的に計画される必要がある。病院の院内学級や教師の訪問学級制度ないし福祉施設・養護学校を利用して教育・社会的な接点を維持することが大切。
	●福祉が解決の主体になる 二次障害としての肥満や精神不安などが出て暴力のような行為障害をしめす子もいる。早期に福祉機関と関わりをもち社会との接点を確保していることが大事。メンタルフレンドや家庭児童相談員の派遣制度や、状態によっては児童養護施設などへの入所を検討するのもよい。子の状態を見て民間の家庭教師派遣かフリースクール、寮制の不登校対応施設の利用も検討する。
	●家庭が解決の主体になる 1年以内で医療的な問題がない子はほとんどが早期解決が可能である。ただし親が決心して実行しないと解決しない。父親の登場が鍵。父親は家族の関係を見直し、子の自立を促し両親の関係を修正する。父親の危機意識をどの程度開発できるかで成否はきまる。父親は職場と交渉し、子の登校に3日以上連れ添う。学校は受け入れを準備する。
	●家庭と学校が解決の主体になる 近年急増している不登校。学校にいながら公教育からもれている。親が解決に立ち上がれば早期解決は可能である。前者は子が教室で授業を受けるようになるまで教室に連れ添う。後者は養護教諭やスクールカウンセラーらの協力をとりつけて教室に戻るように促す。3日から10日間必要。同時に家庭生活の自立も並行して促す。家庭と学校の連携が鍵となる。
	●学校が解決の主体になる 大別すると学業のドロップアウト派とツッパリ派がある。後者は親の過期待への反発と教師への反抗がある。両者の様相は似ているが、前者がよりいっそうの教育的関わりが求められるのに比して、後者は親と子と教師の関係調整が求められる。親をグループにして親グループが立ち上がるように学校が支援する。親と学校のバラバラな対応の隙間をつくらない配慮が必要。
	●司法と地域が解決の主体になる この子らの多くは親や教師との人間関係を強く求めている。しかし子らのコミュニケーションは幼く不器用で不適切でもある。本来は学校教育をいちばんに必要としている子らである。学校と地域と司法が生活の改善で協力する。地域住民の組織と警察の青少年センター・子ども家庭センターや少年補導センター・少年補導協力員・家庭裁判所などの相談室との連携。

参考　石川瞭子『不登校と父親の役割』(青弓社、2000年)、『不登校から脱出する方法』(青弓社、2002年)

表１　現代の不登校のかたち（改訂版）

医療型不登校	心身の治療が必要な不登校。精神症状や神経症のような症状や心身症などの症状が出て不登校に。自殺や拒食や自傷行為などの行為障害をもつ子もいる。学習や集団生活よりも治療が優先されるだろう。内容は多彩で、性別・年齢および地域に関係なく発現している。以前は神経症型不登校と称された。全体の５％程度。
慢性型不登校	自宅ないし自室に引きこもっている。多くはゲームやテレビ鑑賞などを生活の中心にしている。家族か家族の特定の人以外の接触をきらい、窓を閉めきって昼夜逆転の生活をし家庭内暴力をする子もいる。最初から慢性型はなく時間の経過とともに重症化し医療型に移行する子もいる。初期は在宅解放型と重なる。全体の15％程度。
解放型不登校	在宅し明るく生活している。友達がくれば遊ぶ。権利として不登校をしている子、なんとなく不登校をしている子がする。前者は日中でも出歩くが、後者は放課後でないと出歩けない。大半の子は対人関係の過敏性を特徴とし、時間の経過とともに自責の念から自閉型に移行する子もいる。対応を誤ると非行型・医療型に移行。全体の30％程度。
校内型不登校	保健室・相談室・図書室・校長室などに登校する。自称体調不良で教室に入らず集団でたむろっている子もいる。一方で、人目を気にしながら保健室や相談室に登校する子もいる。両者の様相は異なっているが、好きな教科だけしているのは共通。隠れた不登校で前者は校外型、後者は在宅型へ移行することもある。全体の30％程度。
校外型不登校	校門前やコンビニ前、駅の周辺にたむろしている。タバコ・ピアス・茶髪を特徴とし、シャツを出してズボンを腰にひっかける共通のスタイルをもつ。出席をとったあとに集団学校離脱をするが、めったに学区内から出ることはない。遅刻や早退の常習でときに集団で万引などをする。隠れた不登校で教育現場の落とし子的存在。全体の15％前後で増加傾向。
非行型不登校	薬物依存・風俗・売春・窃盗・殺人など犯罪の問題をもつ不登校。多くは不良仲間との交遊から家出ないし外泊を繰り返し暴走族や組織との関係を強める。学校と地域からの離脱。大半は家庭崩壊や虐待など家庭内に深刻な問題をもつが、地域崩壊や世俗との関係も深い。問題となる行動も多様化している。全体の５％程度。

G子は拒食症で医療型に該当しますが、母親の変化にともなってG子も変化を見せています。G子の場合も私の類型に該当しません。H男はどうでしょうか。七ヵ月間の引きこもりは慢性型か解放型といえるでしょう。I子はQ子に引きずられたとしても売春をしていたわけですから、非行型といえそうです。イギリス留学のJ男は神経症的で医療型に接近していましたが、ときどきサッカーをしていましたから解放型ともいえますので該当する型がありません。過食で大学を中退したK子はどうでしょう。おそらくK子は今後、在宅で慢性型から医療型へ移行していくものと思われます。L男は一年以上の引きこもりですから慢性型に該当するでしょう。ではN男とM子はどうでしょう。そもそも妊娠・出産は非行でしょうか。そう主張する専門家もいますが、私には判断できません。よって該当する型はありません。

十事例を私の小・中学生の六類型にあてはめて検討しましたが、大半が類型に該当しませんでした。ほとんどはいくつかの不登校の型をあわせもち、いくつかの不登校の型を移動し、あるいは今後移動する可能性が示唆されています。十事例で十五歳から二十歳までのすべての不登校を概観することはできませんが、十事例に限ったこととしても小・中学生の不登校とは異なる発達上の特徴があることは確かなようです。その特徴は多種多様な不登校の型を形成し、型にとどまらない変化を見せながらも大きく三つのブロックを形成するようです。①は見守るべき型、②は早急に再登校に向けて対処する型、③はさまざまな情報を得ながら進路を決定していく型です。本書が対象とする型は②と③の型で、不登校歴二年以内の慢性型の一部、解放型、校内型、校外型の一部です。

紙幅の関係から引きこもりやニートに関して言及することはできません。本章では②と③の不登校の子らの旅立ちをどのように支援するかを中心に検討したいと思います。

5・2　十五歳から二十歳までの不登校の援助の方法

左の二つの図を見てください（図1・2）。これらの図は私が不登校の解決に取り組む際、保護者や関係者などへ説明するときに用いる概念図です。

図1　時間の経過と子どもの解決力の変化

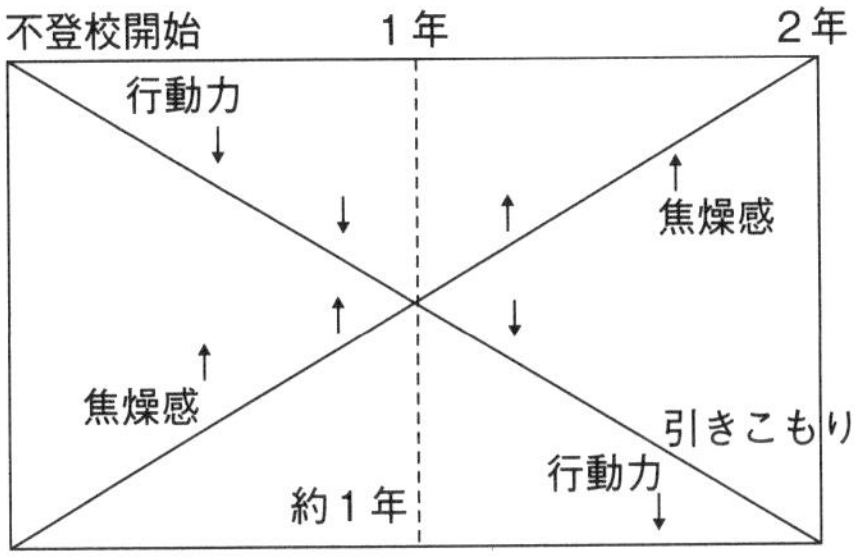

図2　親の責任と子の年齢

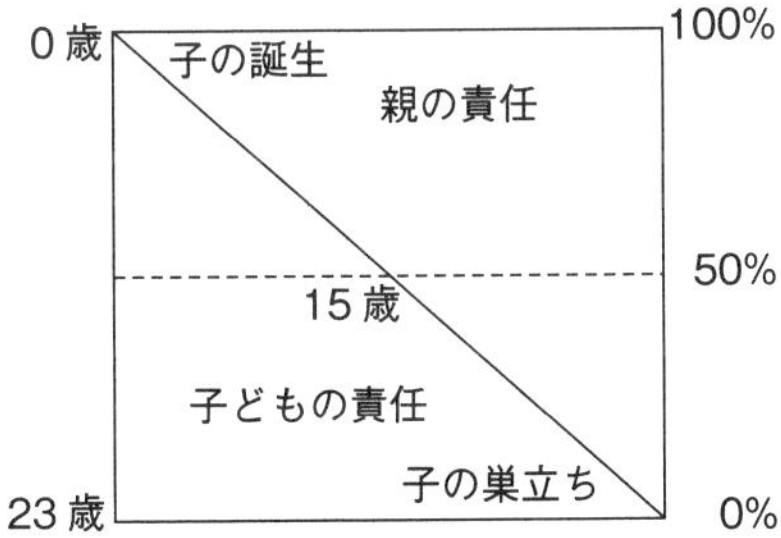

図1は時間の経過と不登校の解決の可能性の相関性を示したものです。不登校になってから二年以上経過した子と家族は焦燥感や絶望感に圧倒されてしまい、解決する意思や行動力を失ってしまうという傾向を、右下に向かう斜線で表しています。行動力や解決力は不登校開始直後は高い位置にありますが、時間の経過とともに減少します。逆に焦燥感や無力感は次第に増大して、一年後、両者の関

係は逆転します。つまり一年以降は登校をあきらめた生活が開始され、二年後には家から出られなくなり、そうなると社会的引きこもりに移行する可能性が濃厚になります。ですから遅くとも二年以内に解決に向けて取り組まなくてはならないのです。

最初から引きこもり状態の不登校も皆無ではありませんが、親や関係者は子が登校を忌避していると思い込んで、子からのサインを見逃している場合が多いものです。ほとんどの子は学校生活に戻りたいと願い、また子どもなりに試みています。ただし、それは一年から遅くとも二年以内に限られるようです。その理由は、学年やクラスが変われば所属や居場所を失ってしまうと多くの子が考えるからです。

七カ月間引きこもっていたH男と一年間引きこもっていたL男を例に検討してみましょう。H男の場合は、両親が「落ちていく龍」の絵からH男の苦しみに気づいて態度を変化させ、その後大学に入学しました。一方、一年間の引きこもりのL男は一人旅のあとに就職しますが、その道筋は困難でした。一年間のブランクが求職活動に影響を与えたからです。

二つの事例を振り返ってみると、H男の家では解決力があきらめの感情よりも勝っていたため、短期に解決に向かいました。しかし、L男の家では援助者の支えでどうにか回復したものの、その過程は困難でした。両者の明暗を分けたのは不登校の期間です。不登校の解決には解決する期間とタイミングが重要な鍵を握っていますが、タイミングは期間が短ければ短いほど得やすいという点は注意が必要でしょう。

次の図2は決定と責任を親子の関係性で示したものです。子が生まれた時点では親に百パーセント責任と決定があります。子が幼い間は親が決定し親の責任において子を保護します。しかし親は、子どもの発達に合わせて子に決定と責任を譲り渡していくことになります。思春期は子が親から決定権を奪い取る時期で、しばしば子と親はどちらが決定権を握るのかをめぐって争います。みなさんも経験があるでしょう。図２で示したとおり、十五歳は親と子の責任が半々になる時期で、決定権をめぐってもめる時期にあたります。

また、青年期は責任をめぐって親と子が抗争する時期です。親と子のどちらに責任があるのかでもめる時期です。この二つの抗争を経て、子は決定と責任の相関性を理解し成人します。たいがいは二十歳から二十三歳までの間に百パーセント親から子へ決定と責任が移動します。それは大学を卒業して就職する時期と重なり、心身ともに成人として完成する時期です。

つまり十五歳から二十歳までの五年間は微妙にそして大幅に決定権と責任が親から子へ移動する時期にあたり、この時期は移譲をめぐる葛藤がしばしば親子間で発生します。ただし子の発達には個人差があり、また家庭生活にも個別性があるので、いちがいに五年間と限定できない面もあります。さらに時代背景や経済的背景からも影響を受けるでしょう。

たとえばE子は不登校一カ月で来所し、母親がE子への過剰介入をやめただけで登校を開始しました。F男の場合は、父親が「お前の好きにしていい」と話したことで短期で解決しました。N男とM子の場合は高校を中退し、N男は働きはじめ、M子は出産しました。このようなかたちでN男とM子は決定と責任を親から奪い取ったのかもしれません。

十事例の不登校の援助を振り返ると、図１に示したとおり、不登校の開始二年以内に家族の協力が得られて生活に介入した社会的援助は効果を上げることがわかります。援助が遅れたD男やK子の場合は、二次障害として精神障害や社会的引きこもりなどの生活上の困難を発生させていくでしょう。そして、この困難な生活状況が長引けば社会的な不利が生じてくる可能性が出てきます。ですから早期に対処する必要があるのです。

また図2で示したとおり、十五歳以降は子が親よりも決定と責任を引き受ける割合が多くなります。そのプロセスは事例でも明らかです。事例の多くは葛藤を不登校という社会的な行動で表現しました。私は生活に介入する方法で援助を展開しました。その結果、多くの子は水を得た魚のように見事な変化を見せました。年齢に見合った決定と責任を親から譲渡されることが、子の自立と成長を支える担保となるのです。生活に介入する援助の目的はそこにあります。

しかしD男とK子およびN男とM子の不登校の援助に関しては、この段階で答えは出ていません。しかしこれも援助のかたちです。ましてN男とM子の事例のように正解がない援助もあります。答えが見えないから援助ではないとはいえません。ここが十五歳から二十歳までの不登校の援助が小・中学生の不登校の援助とは異なる点だと私は思います。

第6章　十五歳から二十歳までの不登校の型

この章では、十五歳から二十歳までの不登校の解決に向けてさらなる検討をしていきましょう。解決にはいくつかの前提条件があります。キーワードは二つ。①は不登校の型を見極める、②二次障害の発生を未然に防ぐ、です。では、まず不登校の型を示します。小・中学生の不登校と違う点はどこにあるのでしょうか。

6・1　十五歳から二十歳までの不登校の型

十五歳から二十歳までの五年間の不登校にはどのようなタイプがあるのでしょうか。その型は小・中学生とどのように異なるのでしょうか。援助を検討するうえで類型化は不可欠だと私は考えていますが、類型化を忌避する援助者や研究者は少なくありません。理由は類型化することで個人が見えなくなってしまうことを心配するからです。私はその考えは基本的に間違っていないと思います。個別性が高い不登校は当然援助にも個別性を尊重すべきです。しかしだからこそ、私はあえて類型化にこだわるのです。多様な援助が必要だと身につまされた長い臨床の日々があったからこそ、そう思うのです。以下は高校生以上の不登校に適応した類型です。

①医療型不登校

精神症状や身体症状から不登校になった子への援助は、病気の悪化や自殺企図、対人恐怖、暴力事件などの問題の発生を未然に防止することが第一の目的となります。次に医師の診断のもと、再登校を含めた社会参加の方法を段階的に検討することが必要です。たとえば精神保健センターや保健所などの精神科デイケアや、民間や市町村の患者会や病院の家族会などの会合への参加を通して、段階を踏んで慎重に社会参加を計画する必要があるでしょう。

②慢性型不登校

一年以上自宅に引きこもり、社会参加を避ける不登校で、福祉機関と家族が援助の中心です。多くの子は一日中パソコンに向かう生活をしています。なかには昼夜逆転の生活でますます孤立を深め、家庭内暴力・摂食障害・リストカット・万引きなどの反社会的な二次障害を引き起こす場合もあります。児童相談所のメンタルフレンドの制度、児童養護施設、養護学校やフリースクール、山村留学や不登校対応の社会資源などを利用して可能なかぎり社会との接点を保ち、社会参加を促しながら職に就くことを含めた進路を検討するといいでしょう。

③解放型不登校

明るく不登校をしている子たちです。ただ高校以上では欠席日数に制限がありますから、一カ月程度で追い詰められてパニックになる子が多いようです。不登校開始二カ月では、進路変更を決意した子と決意できなかった子の違いが生活態度に大きく表れるでしょう。進路変更できずに不登校をしている子は、もはや明るく生活することはできません。この型の不登校は早期の段階で家族が社会的援助を求めれば、回復する可能性は高いでしょう。

④校内型不登校

学校に行っても教室に入らず、学校教育から外れた不登校で、公式には不登校とカウントされておらず、親も知らない場合が多いでしょう。たいていの子が保健室や図書室などで時間をつぶしています。その結果が卒業後に現れるでしょう。我慢ができない、継続できない、基礎学力がないために決まった進路も途中で断念してしまう場合があります。この型の不登校に対しては学校が中心となって家族の協力をとりつけ、教室に入って教育を受けるようにできるだけ早期に指導する必要があるでしょう。ただし、本当に保健室などの利用が必要な子はそのかぎりではありません。

⑤校外型不登校

この型は、出席をとったあと教室や学校を離脱します。校内型と同様隠れた不登校で、多くの親は知りません。進級に必要な授業時間数が小・中学校よりも厳しい高校以上では全体量は少ないでしょうが、大学にもいます。その結果、我慢ができない、落ち着かない、基礎的な学力が身についていないことなどから社会的不適応と周囲から受け取られてしまいます。早期の段階で学校がきちんと対応し、家族の協力を得れば改善する可能性はあるでしょう。

⑥非行型不登校

近年は非行というより犯罪に接近しています。窃盗や暴行などの凶悪犯罪や麻薬売買、風俗産業への関与などは、増加傾向にあります。この型の子の家庭の多くが、崩壊しているか機能していない状態です。そのため学校は地元警察署の青少年課や児童相談所などと連携して、犯罪の防止と再登校に向けてはたらきかけていくことが求められます。この型の子らは教育が最も必要とされているにもかかわらず、最も放置された子らです。

以上の六類型に分けられます。私の経験では医療型・慢性型・非行型が小・中学校よりも多く、解放型・校内型・校外型は少ないでしょう。不登校を取り巻く環境が異なる点と、発達段階が異なる点、出欠時間が進級に影響を与える点が関係しています。なお、見守るべき型は、医療型の一部、再登校に向けて早急に対処すべき型は解放型・校内型・校外型、さまざまな情報を得て進路を決定する型は慢性型・非行型、医療型の一部です。付け加えれば、中・高生以上の不登校は型にはまらず、型から型へ瞬時に移動したり、状況が変われば不登校という表現になじまなかったり、関係者の前に現れたときはいきなり医療型や非行型だったりします。それもこの年齢に関係した現象ですので、親を含む関係者は常に不測の事態に対応できるように、前もって関係を構築しておく必要があるでしょう。

6・2 不登校の二次障害の発生を防止する

高校は義務教育ではないので、不登校は子の選択であり責任は子にあり社会は関与せず、という社会通念には根強いものがあります。しかし義務教育でない高校生であっても、親や子にとって学校に行けないという苦しみは深いものがあるでしょう。むしろ社会的結果が求められるこの世代は、親も子も追い詰められて、強い焦燥感にさいなまれているといっても過言ではありません。特にこの年齢で不登校になった子の多くは、いわゆる優等生の息切れタイプがほとんどですから、親は期待していたぶん苦しい思いをしているのです。一方、子は親の期待を裏切った罪の意識で押しつぶされそうになっています。そのような高校生以上の不登校の二次障害にはどのようなものがあるでしょうか。ここで類型別に検討してみましょう。

①医療型不登校

通院や入院などによって、子や家族が自信を失い、社会との距離を感じて自ら身を引き閉じこもる場合が多く見受けられます。もともと精神的不調や体調不良から登校できない状態ですから、二次障害としてはさらに症状が進行して、社会生活が不能になってしまうか大幅に制限を受ける状態になる可能性があるでしょう。それを防止するために、社会復帰へ向けたリハビリテーションの機能をもつ医療保健機関から援助を受けるといいでしょう。

②慢性型不登校

一年以上の不登校から多くの子は所属を失い、さらに目的も失っている場合が多いです。家族はあきらめに近い状況に陥り、一日中パソコンに向かう子への関与を減少させていきます。二次障害は肥満、摂食障害、リストカットや万引きなどの反社会的行動が代表的です。二次障害が発生すると、今度はそれが原因で引きこもりが強化され悪循環が発生します。そのため早期に福祉機関などの援助を受け、社会と接触する機会を多くもつよう促していきます。

③解放型不登校

この型の二次障害は、不登校などの集団不適応問題を再び発生させやすいということです。家族がやさしく接してくれた経験から、子は疾病利得を学習している可能性があります。対人関係上のストレスがあれば再度、やさしさを求めて症状を現すこともあります。またやさしさのつまみ食いの癖もなかなか消滅しません。その結果、万年青年や万年少女のような生き方を選ぶ子も出てきます。家族が早期に社会的援助を求める必要があります。

④校内型不登校

この型の二次障害は、解放型の家庭版という色彩があります。この型の子は保健室や相談室、図書室、校長室など、やさしくしてくれる先生を求めて渡り歩きます。しかし希望どおりやさしくしてくれないと不登校になり、ときにはキレて周囲とトラブルになることもあります。時間の経過とともに被害的になる傾向は解放型と共通しています。学校は早期に家庭の協力をとりつけて解決に向けて動きだしましょう。

⑤校外型不登校

この型の二次障害は、教室や学校離脱で教育をきちんと受けていないことから発生します。高校を卒業しても我慢ができない、落ち着かない、基礎学力が身についていない、対人関係基礎能力が習得されていない、などの理由で就職先や進学先で長続きしないという問題です。この型の不登校は学校が最も責任をもって対処するべきです。また解決には家庭生活を含めた取り組みが必要ですので家族の協力を得ましょう。

⑥非行型不登校

この型の二次障害は犯罪傾向をいっそう強めることです。学校や家庭から放置され地域からも見放された子らは、好ましくない集団に所属するか、単独で行動するかの違いはあっても、窃盗や恐喝などの凶悪犯罪に関係する可能性があり、年齢に対して早すぎる経験をして健康を害することもあるでしょう。最も教育を必要とする子らであるにもかかわらず、集団になじまないという理由で放置されることが二次障害を拡大させます。

このように、小・中学生とは異なり高校生以上の不登校は発達や社会的状況から二次障害が顕著となります。年齢的に社会的結果が求められること、子の生活環境のひずみの蓄積が現れる年齢であることなどが関係しています。二次障害は年齢や発達、家族関係や社会関係から影響を受けますが、重要な鍵となるのは不登校の期間です。たとえばＬ男は一年間の引きこもりをしていましたが、昼夜逆転の生活から肥満傾向を強めていました。そのまま不登校を続けていれば若年性成人病か、拘禁性うつ病になっていたかもしれません。Ｌ男の不登校の解決で一年はぎりぎりの線だったともいえます。二次障害の予防の鍵の多くは、解決までの時間なのです。次章ではこの年齢の不登校の社会的不利とは何か、またどのようにすれば予防できるかを検討しましょう。

十五歳から二十歳までの不登校は子のその後の人生にどのような社会的不利を形成する可能性があるでしょうか。また社会的不利はどのようにすれば軽減ないし回避することができるのでしょうか。社会的不利は不登校の型によって異なるのでしょうか。以下、検討してみましょう。

①医療型不登校

心身の健康を損ねたために社会生活が困難な期間があることが、社会的不利といえるでしょう。病気で登校できなかった期間があると、子も家族も自信をなくして社会生活の可能性を放棄し、療養や治療だけに専念してしまう場合があります。たしかに治療に専念することが必要な子もいますが、疾病イコール社会的不利ではありません。逆にさまざまな経験をしているからこそ獲得した知識や知恵があるはずです。それらを社会資源として世に役立てることもできます。経験は使い方しだいで社会的有利になるのです。あきらめないように周囲が支え続けることが必要です。

②慢性型不登校

長期にわたって社会生活から身を引いていると、対人恐怖症になったり拘禁うつ病になったりします。それは誰もがそうで、登校していないから症状が出るというわけではないのですが、この年齢は進学や就職という結果を求められる時期なので、子や家族は追い詰められます。とりわけ今日のような学歴社会のなかで履歴書が空白なのはつらいものです。しかし誰しも初めは空白なのです。「おれは人と違う選択をしただけ」と言えるようになりたいものです。N男やM子のように人よりも早く経験していることもあるのですから。

③解放型不登校

やさしさのつまみ食いを経験すると安定した社会生活ができなくなり、離職などを繰り返すことがあります。それが社会的不利を形成するでしょう。子は人当たりがいいのでそれなりに社会参加する機会を得られますが、やさしさとかけはなれた現実に耐え続けることは簡単ではありません。ですから社会的不利が生じないように周囲が一致団結して子の生活環境を整え、持続する力を育てる必要があります。この型の子はやさしさを活かした職業、たとえば対人援助職などに就くと人一倍いい仕事をするでしょう。

④校内型不登校

学校のなかでやさしさのつまみ食いを経験したこの子らの社会的不利は、社会を誤解している点です。「そんなはずではなかった」とこの型の子の多くは社会生活を中途で断念したあとに語ります。この型は隠れた不登校ですから、不登校自体が問題になるのではなく、社会参加の態度が問題になります。しかし多くの場合、家族はその実態を知りません。学校は家庭と連携をとり、子が現実の厳しさから逃げないよう協力しましょう。両者の厳しくも真摯な関わりがあれば、子が社会的に活躍することへの差し障りはほとんどなくなります。

⑤校外型不登校

この型の子らは学校教育から放置された存在ですが、多くの家庭はその実態を知りません。子らの社会的不利は社会を信じていない点にあります。学校に代表される社会システムへの不信感は放置された時間と深い関係があります。この型は最も隠れた不登校ですから不登校自体は問題になりませんが、態度や人格から社会的不利が生じてくる可能性があります。基礎学力がないことも就職や進学に影響を与えるでしょう。学校関係者が学校生活を立て直すために協働し、この子らとの信頼関係を真剣になって構築する必要があるでしょう。

⑥非行型不登校

この型の不登校は校外型と異なり、社会が子を信用しなくなることでしょう。一回でも犯罪者の烙印を押されれば、進路が制限されることはまれではありません。ですからこの型の不登校は、犯罪を未然に防ぐために学校が警察署の青少年課や民生委員、家庭相談員、児童相談所と連携して不登校の段階で生活に介入します。子の生活環境を整え、孤立を防止し、社会経済活動への参加をいざなっていきましょう。

これまで十五歳から二十歳までの不登校の類型と二次障害、そして社会的不利を論じてきました。この年齢の不登校は幅が広く、問題も根深いという特徴があります。二次障害は不登校の特徴を強化する部分と深化する部分が観察され、その多くは不登校の期間の長さに比例して障害の度合を深めます。不登校の状態で放置すると二次障害から社会的不利が発生しやすくなるメカニズムがはたらくようです。

近年話題の引きこもりやニート問題のメディアなどの扱いは、この年齢の不登校の子をもつ親の不安を刺激するばかりです。社会的引きこもりやニート問題に対する有効策がなく、将来的展望に欠ける現状は、不登校状態にある子と家族を苦しめます。小・中学生であれば時間的猶予がありますが、高校生ともなれば子と家族は逼迫した状況におかれるからです。しかし多くの親も子も、援助機関に出向いて援助を求めることをしません。その理由は羞恥心によるものが多いようです。しかし私はこの年齢であっても不登校の段階で早期にきちんと対応できれば、その後のニートや引きこもりの問題の発生を予防できると信じています。次章では不登校の解決の条件を述べましょう。

第8章　十五歳から二十歳までの不登校を解決する条件

みなさん、第2章の三人の父親の奮闘を、さらに第3章の十事例の奮闘を思い出してみてください。どこにでもいそうな常識人で、どちらかといえば知的にも経済的にも優れた父親たちの奮闘です。紙幅の関係と守秘義務から細部は端折っていますが、じつはどの父親も本当は悪戦苦闘で、スマートな解決はしていません。もっといい方法はないかと迷い、もっと楽な方法はないかと知恵をめぐらせ、解決しなくてもいいのではないかと逃げる口実を考え、何か理由をつけて実行しない選択をしようと決めかけ、やっぱり母親のせいだと責めて後悔し、「勝手にしろ」とのどまで込み上げた言葉を飲み込み、日本の教育システムの問題だと舌打ちして、それでもなんとかしなければと現実に対峙し続けた父親たちの奮闘でした。

あきらめそうになる気持ちをそばで支え続けた母親と、苦難の果てに訪れた再登校を一緒に喜び合えるその瞬間を待望し、父親はぶざまな姿をいとわずに実行したのです。そして多くの父親は子どもが以前のように登校するその日を手に入れたのです。

本章では、本書の目的である不登校を解決する条件を五項目にまとめて論じます。

8・1　不登校の型に見合った援助を展開する

自明のことながら、まずは不登校の型についての見立てをしたうえで援助の見通しが立てられるべきです。特に高校生以上の不登校は状態にも内容にも幅があり、しかも欠席日数の制限がありますから早急にとりかかる必要があるでしょう。十五歳から二十歳までの不登校は見守るべき型と、早急に対応するべき型があり、中間のタイプとしてさまざまな情報を集めて進路変更を子に勧めるべき型があります。いずれにしても関係者が緊密に連携しながら、子の取り巻く環境を緊急に改善する必要があるでしょう。クラス内の状況把握は教師が、家庭生活の状況把握は家庭で、必要に応じて子や友達などの地域の情報も得て、総合的に判断して対策を立てるといいでしょう。まずは早期解決が可能な不登校かどうか判断し、子からも情報をもらい、学校と家族が連携して解決を志向しましょう。

最初から重篤な症状を呈している不登校がないわけではありません。多くは何となく不登校を開始し、一カ月後くらいから引きこもり傾向を強めるようになります。学校に行かなくなった一週間目に周囲が気づき、一カ月以内に援助機関に相談を持ち込み、三カ月以内に進路を決定する、というのが理想です。ともかく早期に発見・対応し、型に見合った援助を展開することです。

8・2　二次障害、社会的不利の防止を視野に入れた不登校の解決を志向する

早期解決の機会を逸したからといって進路が閉ざされるということではありません。次の手を考えて対策を立てなくてはなりません。時期をみて進路変更を子とともに検討することを勧めます。不登校の型によっては二次障害が顕著に出たことで社会的不利が生じる場合があります。例えば、肥満などが本人の自信を失わせ、社会参加を臆病にさせた結果、長期の引きこもりになってしまうなどといった場合です。二次障害や社会的不利を予防あるいは軽減する対策は、子と親が目標をもつことです。たとえば大検受験の予備校などの不登校サポート校への入学や家庭教師派遣制度やハローワークなどの就職支援機関の利用、児童相談所のメンタルフレンドの制度やフリースクールなどへの参加などが挙げられます。A男の父親のようにまず選択の参考となる地域の情報をインターネットなどで集めましょう。

8・3　心理社会学的な発達の側面にはたらきかけて解決を志向する

進路の検討と並行して、子の年齢相応の自立が達成されているかどうか、生活環境を振り返ってみましょう。それは衣食住といった生活そのものに関することです。起床から親を頼りにした生活では、不登校を解決してもその後の社会生活はおぼつきません。

次に、年齢相応の決定と責任を子に課しているか点検しましょう。しかし、これらは時代の影響を受けますから、親世代の通念は通用しないと思ったほうがいいでしょう。小遣い、家事の分担、アルバイト、男女交際、パソコンや携帯電話の使用や利用の範囲に関して、親は子の周辺の事情を見ながら判断していきます。本書一一九ページの図２を頭のなかに入れて、生活をチェックし直してください。子の生活環境が年齢相応の状態になっているか、子の社会心理学的発達に障りがある習慣やパターンがないか見直してみてください。年齢相応に、子に役割と責任を課しているか問い直すことが必要です。

また、子の自立は親の自立と無関係ではありません。子離れは現代の親の最も重要な課題であることを認識して、親がまず自立しましょう。母親が働きはじめると子が動きだすこともあります。

８・４　社会的やさしさの虐待に気づいて生活環境を整える

不登校は誰でもできます。しかし誰もが復学できるとはかぎりません。しかし子はいつでも教室に戻れる、いつでも登校できると思って不登校を開始する場合があります。もちろん、もう登校できない、もう教室にいられないというつらい状況での不登校もありますが、それが全部ではありません。前者の場合、関係者が登校に誘えば早期に教室に戻ることが可能な場合があります。そうした不登校の子に「学校に行くことがつらいのなら行かなくていいよ」と言えば長期にわたって登校しなくなります。一方、真面目で頑張りすぎて息切れしている子に「頑張って登校しなさい」は逆効果です。

高校生以上の不登校のやさしさの虐待は、前者の対応に代表されます。やさしさの虐待とは、いつでも登校できる、と不登校を開始した子らに、復学には時期やタイミングが必要であることを知らせず見守るという無為をいいます。昨今、不登校の対応のためのさまざまな社会資源が開発されていま す。まずは情報を、同時に生活環境を、可能なかぎり早期の段階で進路変更を含めた解決に向けて周囲がはたらきかけることを勧めます。C男の父親が述べているように、解決にはタイミングが必要なのです。

8・5　社会的不利も使い方しだいで社会的有利になることへの気づき

不登校はイコール社会的不利ではありません。経験は使い方しだいで社会的有利になります。これは言うまでもなくたくさんの例がみなさんの周辺に見受けられるでしょう。大学教員や医師の相当数が不登校などの経験をもっているといわれています。不登校は社会的不利にはならない場合があるのです。しかし不登校ゆえに社会的不利に陥っている人もいます。では、両者の違いは何なのでしょうか。それは子を取り巻く環境の違いです。子の特性もあるでしょうが、決定的な点は周囲が絶対にあきらめないで社会に参加させる試みをし続けるかどうかです。つまり、経験を活かす道筋を子が選び取れる環境を用意しておくことです。周囲があきらめて放置したら、子は自分はどうでもいい存在だと自分自身の可能性を閉じてしまうのです。いみじくもB子の父親が述べているように「両親は逃げてはいけない。親があきらめたら子の進む道は閉ざされる」のです。教訓として心にとどめておきたいものです。

8・6　まとめ

十五歳以上の不登校を解決する条件を五つ述べました。みなさんは気づいているでしょうが、特別なことは何もありません。なぜなら、不登校は特別なことではないからです。小・中学生と同様に、高校生以上のどの子にも不登校は起こりえます。いつなんどき不登校になってもおかしくはないのです。けれども解決には大変困難な場合が多いのはなぜでしょうか。

なぜ高校生以上になると不登校は容易には解決できないのでしょうか。理由の一つ目は出席日数の関係で除籍や留年という結果がすぐに出されてしまい、不登校という時間そのものが短い点。二つ目は、年齢や発達からして関係者は子に無力感をいだき早々にあきらめて放置してしまう、という状況。三つ目は親や子を不登校の初期の段階で援助する機関が少なく、社会資源もほとんどない点が挙げられるでしょう。また、多様な選択肢が災いして、いつまでも目的が絞り込めず結果を出せないという状況があるでしょう。「もう子どもではないのだから、きっと立ち直る」という期待を親と子と社会が共有し、大切な解決のタイミングを逸してしまうという場合もあります。そして、この年齢になってみっともない、と子も家族も感じてしまい、外部に援助を求めない傾向も考えられます。

ここで私が最近出会った五人の元不登校の学生の経験を話しましょう。五人との出会いで私の経験則は大きく変化しました。

事例1　O男は高校を卒業したあと三年間自宅に引きこもっていました。母親が病気で亡くなったため、心に大きな穴があいたのでしょう。あとには父親ときょうだいが残され、O男は母親の代わりに家事を引き受け家族を守っていました。O男が立ち直るきっかけは、ある男性カウンセラーとの出会いでした。カウンセラーは「自分の力を信じて」とO男を励まし、結果O男は三年遅れで大学を受験しました。合格したものの四年間の大学生活は順風満帆ではありませんでした。しかし同じゼミの学生に支えられながら卒業し、現在は精神保健福祉士として精神科病院で援助者として働いています。

事例2　R子は両親が不和のため家族が崩壊するのではないかと心配で、高校へ通学できませんでした。病院やさまざまな機関に援助を求めましたが、最後に不登校対応の通信制の高校にたどりつきました。結果的に両親は離婚しましたが、母親は職業をもっていたので生活には困りませんでした。それはR子にとって幸運でした。通信制高校であたたかい教員の支えを受け大学受験にこぎつけ、現在は経験を活かそうと不登校の子らの援助職を目指しています。

事例3　S男は地域でトップクラスの高校を目指して勉強していましたが、受験に二回失敗したあと、目的を見失って自宅にこもっていました。そうしたある日、知人の勧めで小学生の不登校の子に勉強を教える機会を得ました。S男はその経験をきっかけに立ち直り、大検受験から大学に入学し、卒業後は不登校の子らの支援を仕事にしています。

事例4　T子は高校のときにいじめにあい、不登校になりました。いじめは陰湿で継続して発生しましたが、母親には言えずにいました。母親は嫁姑問題で苦しんでいて、また家計も楽ではなかったので、T子は母親をこれ以上苦しめたくなかったのです。そしてたまたまいじめに気づいた担任によって配慮がなされ、いじめから解放されました。T子はそうした経験を活かしたいと、現在は児童相談所などの職員になるための勉強をしています。

事例5　U男はもともと勉強は常にクラスでいちばんで、クラス委員を引き受けるようなタイプの子でしたが、中学校のときはほとんど教室に入れませんでした。しかし保健室や相談室の先生に支えられて高校を受験し、合格してからは皆勤賞をとるほどの変わりようでした。そして大学ではメンタルな問題をもつ人々の役に立ちたいと国家資格を目指しています。

以上の五人は私が大学教員になってから出会った元不登校生です。どの学生も人一倍輝いていて学生生活をエンジョイしています。その様子は順当に大学に入学した他の学生よりも際立っています。目的意識も社会人としての自覚も学業以外への取り組みもしっかりしていて、進路に向けて着実に努力しています。多くの学生が人を援助する職業に就くために勉強していますが、このような経緯から大学教員や医師、看護師になることもまれではありません。こうした五人の経験は、不登校の経験が社会的有利となりえることの証左といえるのではないでしょうか。

回復への「きっかけ」を振り返ってみると、O男の場合は心理カウンセラー、R子は通信制の高校教師、S男は不登校の小学生、T子は担任、U男は保健室や相談室の教員との出会いでした。相手はさまざまですが、みなさんの周りにもいそうな人々ばかりです。その出会いが不登校からの脱出につながっています。このように不登校を解決するためのきっかけは、必ずしも特別な人々との出会いではないのです。

ただし、五人の学生の生活を支え続けた家族の存在を忘れてはなりません。きっかけが活かされるか否かは、生活を支え続ける家族がいたかどうかで決まるといえるでしょう。社会を信じ自分を信じる力の源は親のなかにありますから、なかでも親の支えは何よりも重要です。それにしても、「準備のない者に幸運は訪れない」ということわざがありますが、不登校の解決にもその基本が貫かれているといえるでしょう。

ちなみに、子が所属をなくすと、親も子も社会から見放されたと思い悲壮感をいだいてやり場のない寂寥感にうちのめされそうになります。そのため子と親は、「進学か就職かどっちでも子に適した将来があればそれがいちばん」「子がゆっくりと進路選択をすればいい」と多様な選択肢に可能性を見いだそうとします。その結果、大事な解決のタイミングを失ってしまうことがあります。なかには長期の引きこもりに移行してしまうこともあります。ゆえに解決の条件は、子の状態を把握しそれに見合った援助方法を求め、二次障害を引き起こさないうちにタイミングを見計らって関係者が行動するということにつきます。その際、多様な情報に振り回されないで、家族でしっかりと話し合うことをお勧めします。まずは両親が一致した意見をもち、次に子と話し合うことが大切です。考えてみればごく当たり前のことですが、日常というパターンのなかで通常の状態を取り戻すのはたやすいことではないのです。それはいままでの事例を見ても明らかでしょう。

続いて、私の関係する研究会に所属し大学の相談室を手伝ってもらっている三人の援助者の援助の経過を報告します。いずれも重要な鍵となるのは家族を支援するという視点です。援助される側に立って読み進めてみてください。

第9章　援助の実際

本章では、三人の援助者による援助を五事例報告します。はじめは私の相談室をおもに手伝ってくれている西岡弥生氏と新井真理子氏の事例です。比較的最近の援助で、お子さんは元気に登校しているということです。次は私の研究会に参加し相談室を手伝ってくれている森裕子氏の事例で、チームアプローチを試みて回復をみました。最後の佐藤量子氏は私が以前勤めていた大学の教員で、研究会のメンバーです。折しもいじめに関連して自殺や不登校が多発しており、三人が相談に応じた事例はいじめ問題が不登校に影響を与えています。援助者がどのような視点をもって援助を展開するか、みなさんも一緒になって考えてみてください。

9・1　生活を支える不登校援助　西岡弥生／新井真理子

9・1・1　事例の概要

主訴：不登校

家族構成：父親（四十八歳、会社員）、母親（四十八歳、パート）、V子（十三歳、公立中学二年生）

両親は結婚二十二年目。核家族。父親は地方出身、母親は都市出身。

面接構造：父母面接二回、V子面接一回、母面接四回。面接期間は三ヵ月

9・1・2　不登校から来談するまで

公立中学二年生のV子は、六月ごろから登校をしぶり、動悸がするといって学校の廊下でうずくまるようになり、担任から連絡を受けた母親が迎えに行きました。V子は、家でも動悸、だるさ、頭痛を訴えていたので、心配になった母親はCT、脳波、心電図などの検査を受けさせましたが、異常はありませんでした。診察した医師からは「見守ってあげなさい。不登校の解決には三年くらいかかるでしょう」と告げられたそうです。十月の終わりごろからV子はまったく登校しなくなり、一日中布団のなかで携帯電話をいじって過ごすようになりました。母親は「なんとかしなくては、三年も待つなんて考えられない」と思い、これ以上一人でV子の不登校に対応するのは難しいのではと感じはじめました。同じころ、出張が多く子育てを母親に任せていた父親も、夫婦で関わっていくべきではないかと感じはじめていました。両親は不登校の本を何冊も読むなかで、『不登校から脱出する方法』と出会い、「父親が主導で子どもの生活を立て直す不登校援助」という同書の内容に共感し、早速、面接を申し込みました。

(1)初回面接（父母）

十二月の初めに相談室を訪れた父親は、明るく非常に行動的な方に見受けられました。対照的に母親は、とても不安げな様子で父親の陰に隠れるように佇んでいました。父親は「自分はV子には学校

に戻ってほしいと思っている。何でもする覚悟はできている」と一気に語り、「とにかくすぐにでも動きたい。仕事の調整もつけるつもりでいる」と続けました。しかし母親は「父親の性急さに戸惑いがあり、また、V子が父親を嫌っているので、彼が関わることが本当にいいことなのか不安がある」と、揺れる気持ちを吐露しました。

援助者は、目標を三学期始業式の再登校に設定しました。そして、父親に対して、①再登校に向けて仕事の調整をつけること、②父親不在の生活のなかで母親を支える役目をしてきたV子に「お母さんはお父さんが守る、君は心配しなくていい」と伝えること、③V子に家事の分担をさせること、④夫婦で旅行に行くこと、を提案しました。父親が熱心にメモをとっているのに対し、傍らの母親から迷いを感じた援助者は、母親面接を別途おこなうことにしました。

⑵第一回母親面接（二週間後）

少し緊張した様子の母親は、目に涙を浮かべながら不安を口にしました。父親と母親は、前回の面接終了後、担任に会って「多少強引な方法であっても、始業式からV子を再登校させるので、理解と協力をお願いしたい」と伝えました。しかし担任は「ほかの生徒のことを考えると、いい方法とは思えない」と、パジャマのままでも娘を学校に連れてくるという父親の申し出に戸惑いを示しました。ほかの生徒への影響を気にする担任への不信感を述べる母親に、援助者は主役はあくまでも両親とV子だと伝えました。

V子は相変わらず朝起きられず、母親が起こそうと布団に触ると「うるさい！」と反抗し、食事も別のテーブルで一人でとり、ほとんど口もきかず、母親の些細な言葉でキレる状態でした。「始業式の再登校は無理です」と、母親は自信喪失ぎみでした。また、「私の育て方が悪かったから……」と自分を責めていました。その一方で、父親と母親との関係は相談に訪れる以前とは確実に変わってきていました。夫婦がリビングで一緒に過ごす時間が多くなり、母親が父親に日常の不安やつらさを話せるようになったこと、父親が「うんうん」と相槌を打って話を聞いてくれるようになったことが語られました。父親はV子にお米とぎと風呂掃除の役割を与え、月決めでお小遣いを渡すようにしました。旅行の計画も立てていました。母親はちょっと申し訳なさそうに、「夫婦二人ではなく、V子も一緒に行くことにしました」と報告しました。援助者は三人で楽しんでくること、そして、旅先で夫婦の時間をもつようにと話しました。

(3)第二回両親面接（V子も参加、三週間後）

一月にしては暖かな土曜日、両親とV子が揃って相談室にやってきました。明るく挨拶をする父親を先頭に、V子、母親の順で入室しました。V子は、顔を前髪で隠し、口をきゅっと結び、無表情のままイスに座りました。こちらの問いかけにも無言でした。

V子が生まれたときは安産で、夜泣きもなく育てやすい子だったことなどが両親から語られました。援助者はV子に「元気に生まれてきて親孝行をしたね」と伝え、両親には「健康に生まれて親孝行なお子さんですね、感謝ですね」と伝えました。両親は大きくうなずき、母親は「結婚して七年目に生まれた子で、絶対にこの子は手放すまいと思った」と語りました。次に、V子に父親と母親から受けたことでうれしかったことを尋ねました。V子は、無表情のまましばらく黙っていましたが、一言「ない」と答えました。援助者は「それでいい、無理することはない。子どもはみな親を裏切って大人になっていく。ただ、うまく巣立ちができる子もいるし、そうでない子もいる。それでいい。子どもは親に対して、生まれてきたことで三歳までに一生分の恩返しをしているといわれている。V子はそれ以外にもたくさんの親孝行をしている」と伝えました。V子は、じっと聞いていましたが、このとき、何かを言いたげに口元が少し動きました。このあとV子と援助者は散歩に出ました。

始業式の日、V子は、自分で着替えをすませると飛び出していきました。両親は驚き、気合を入れていたぶん、拍子抜けしたそうです。二日目、三日目は「行け、行かない」の押し問答になりましたが、なんとか登校しました。四日目、母親は途中で出勤し、父親が一人で対応しました。抵抗するV子を車に乗せて学校に向かいました。駐車場に着いて車から降りたV子は逃げだし、父親が捕まえようと追いかけていると、そこへ父子の様子に気がついた教務主任が来て、V子はあっさり登校しました。父親は「なんだよ、オレは一人でこんなに頑張っているのに、と思いましたよ」と苦笑しながら語りました。援助者は、再登校は夫婦の共同作業でなくてはならないと、あらためて伝えました。

父親は「V子の抵抗が激しく、やはり話し合って説得して登校させたほうがいいのではないか」と迷っていました。母親も同様に、「このままでは、傷を負わせてしまうのではないだろうか」と心配そうでした。しかし〝説得〟という方法では登校のタイミングを失う可能性が大きいことを伝えました。

そんななかでV子に少しずつ変化が見られ、メールのやりとりや、家で学校での出来事を話すようになったと、両親がうれしそうに報告してくれました。

そして、再登校についてもう一度両親の気持ちを確認しました。迷いは決意に変わり、V子を学校に戻すということで夫婦の意見は一致しました。父親は、「強い意志と揺れない気持ちが大事」と何度も繰り返して言葉にし、母親はその傍らで大きくうなずいていました。

最後に、援助者は両親に、「お父さんもお母さんも君が登校することが最善の方法だと考えているから、あきらめない。でも、できることなら君が自発的に登校してほしい。君が社会に出ていくことを親としての責任と考えている」とV子に伝えてほしいと話しました。

(4)V子面接

「小一時間くらい散歩に出よう」と声をかけ、心配げに見送る両親を残して援助者とV子は相談室を出ました。援助者が「どっちに行く?」と尋ねると、V子は斜向かいにある公園を指差したので二人はそちらへ向かいました。池に泳ぐカモを見ながら並んで歩いていると、V子は足元に赤ちゃん用の手袋が落ちているのを見つけ、どうしようかと援助者と顔を見合わせ考えました。V子は、手袋の埃を丁寧に払いながら、落とし主が見つけやすいように小枝に掛けました。V子の口元に表情が出てきました。行き交う人々のなかに紛れ、二人は同じ空気を吸い同じ景色を見ることで、それらを体験として共有しながら公園の奥へと進みました。

公園で三十分ほど過ごしたあと、ナショナルマーケットに向かいました。ここでちょっとした変化が起こりました。トイレを探しても見つからなくて困っている援助者に代わって、V子が離れた位置にいた店員に声をかけて尋ねてくれたのです。そこには状況に対して適応的に動くV子の姿がありました。

援助者が休憩を提案すると、V子は「いいですよ」と合意し、カフェに向かいました。V子はテラス席を選び、「猫舌ですぐ飲めない」とカップをしばらく手に持ち、ふと、「部活（団体球技）を続けようかどうか迷っている」と言いました。援助者がV子にポジションやルールについて尋ねると、図を描きながら自身のポジションについて説明してくれました。V子の頬はほんのり赤みを帯び、目元を覆っていた前髪はいつのまにか上がり、きれいな額がのぞいていました。

(5) 第二回母親面接（二週間後）

父親の車のエンジンの音でV子は飛び起きて、走って登校したと母親は報告しました。しかし父親が出張で不在になると、再び登校をしぶりました。V子は母親に「学校がいや、勉強がいや、人と話すことがいや」と訴える一方で、「学校はいやだけど明日はサッカーの授業があるから行くんだ」と言ったり、「部活に戻りたい」と顧問に申し出たりと、学校に対して前向きな様子も見られました。母親は部活の顧問から、「二週間続けて登校できたら部活に戻そうと担任と検討している」と連絡を受けました。

父親は不在中、毎日V子と母親に連絡をして母子を支えました。夫婦関係は確実に深まり、休日に二人で映画を観に行く約束をしたと、母親はうれしそうに話しました。

(6)第三回母親面接（二週間後）

来室する母親の声にハリが出てきました。しかし、V子は父親が不在時には母親に反抗して何度起こしても布団から出てこない日もあって、母親は「主人がいないとやっぱりダメ」と自信喪失ぎみでした。それでも「朝起きられる体になり、「学校へ行かなくちゃ」という意思もあるようだ」とV子の様子を冷静に話しました。援助者は母親に、朝一人で対応するとき、①七時の目覚ましが鳴るまで手は出さない、②鳴って三分後に声をかける、③食事をする時間になっても起きないときは、無言で布団を剝ぎ取ることなどを提案し、親子が揃う朝は一緒に食事をとるようにとも伝えました。

V子は帰宅後、「学校でいつも楽しそうにしている子が「学校がつまらない」と言っていた。つまらないと思っているのは私だけじゃないんだ、あんなに楽しそうにしている子もつまらないんだ、びっくりした」と話し、それを聞いて母親はとてもうれしかったと述べました。

出張から戻った父親は、母親を伴って二人で出かけるようになりました。

(7)第四回母親面接（三週間後）

母親から、前回までの重々しさが消えていました。V子は、カゼで二日間欠席した以外は登校し、定期テストもきちんと受けました。試験当日は自分で起き、定刻に登校したそうです。ひと呼吸おいて母親は「じつは一悶着あったんです」と、ある朝のエピソードを話しはじめました。朝食をすませたV子は自分のベッドのなかで漫画を読みはじめ、母親が登校の準備を促すと「うるさい！」と反発し、母親もテンションを上げ互いに言葉の応酬がエスカレートしていき、泥沼化の一歩手前になったそうです。母親はそのとき、「このままじゃダメだ……頭を冷やそう」と浴室へ直行し、朝風呂に入ったそうです。風呂から上がるとV子はすでに登校していました。母親は「干渉しすぎるとダメみたいです」と述べました。

V子は、担任と部活の顧問に再入部を申し出ました。V子は、自分の気持ちを書面にまとめて提出しました。学校はV子の意思を受け入れ、部員の前でその気持ちを話すように指導しました。

援助者は母親に、V子はこれから巣立っていき、残された親たちにはそれぞれ個としての人生、夫婦としての人生が待っていると伝えました。母親は「ついこの前まで小学生だったのに……」としばらく考え込みました。そして顔を上げると「主人と二人でやっていけそうな気がします」とすがすがしい表情で席を立ち、面接は終了しました。

9・1・3　事例の考察

(1)夫婦関係が子どもに与える影響

面接が進むなかで、V家に父親と母親との連合、親と子との境界ができつつあることを感じました。いままでのV家では、知らず知らずの間に不在がちの父親を抜きにして、母親とV子が何でも話し合って決めていくというスタイルができていたのでしょう。そのなかで、V子は本来の子どもとしての立場を失い、母親を支える夫の役割を果たしていました。

第三回の母親面接で、母親に父親が在宅のときと不在のときの違いを具体的に尋ねました。母親は、父親が在宅のときは安定していて、V子に余計な口出しはしていません。それに対し不在時は、漠然とした不安に取り込まれて口数も多くなっているとその心情を語り、自身の安定の軸は夫だと、率直に述べました。父親不在の家の中で、V子は母親を気遣い、母子は互いに支え合って暮らしてきました。このような三者の関係のゆがみが、「不登校」というかたちになって現れたのです。両親は、「不登校の解決」という同じ目標に向かうことで絆を深め、家族の関係は調整されました。そして、V子は、本来の子どもの位置に戻ることができました。

機能的な家族は、親世代、つまり夫婦が連合して核となり、子ども世代との間に境界をつくっていきます。簡単に言えば〝けじめ〟です。このけじめができていれば、親は子どもを取り込まない、子どもは親の問題に巻き込まれないという構造ができ、子どもは安心して巣立っていきます。寄り添う両親の姿を見て、V子は外の世界に出ていきました。

初回面接で父親の陰に隠れるようにしていた母親をここまで支えたのは、ほかならぬ彼女のパートナーであるV子の父親でした。父親は娘の危機に即座に対応しました。会社に事情を話し、休暇をとってV子の登校に付き添いました。家ではV子に仕事を与え、母親の話を聞く時間をもちました。出張中は毎日V子にメールをし、母親へは毎日電話を入れて母子を支えました。父親には母親とV子を思う安定した愛情がありました。

⑵子どもの発達

「親はウザイ、親から自立したい、でも甘えたい」というのが、思春期の子どもたちの特徴でしょう。親は、そんなわが子に振り回されて対応に苦慮します。でも、その揺れをうまくコントロールし、安定してわが子に向き合えるように心がけることが、この時期の子育てに必要なことです。

V子はいま、自分自身と闘いながら、将来どう生きていくかを模索しています。子どもが安心して成長し、将来の自分を模索するためには、ある一定の枠が必要です。子どもは、本来、地域や学校、法律などの枠のなかで守られながら成長します。いずれは大人に与えられた既存の枠から出ていき、自分の世界を見つけ、そこで生きていくでしょう。それが自立です。しかし、不登校の子どもにはその枠がないのです。その枠をV子に与え、そこから外の世界に送り出すのが親としての役目なのです。

(3)家族の発達

子どもに発達があるように、家族にも発達があります。家族は〝発達〟という変化に適応しながら、それぞれの段階に応じた発達課題に全員で取り組まなければなりません。子どもの発達の過程で次の段階へ移るときに危機が起こりやすいように、家族にも同じことが起こります。

V家をはじめとする思春期の子どもがいる家族の発達課題としては、子どもの親離れ、親の子離れが大きなものとして挙げられます。この時期、子どもの生活は家族より友人関係を中心に広がり、親世代と子世代の境界が明瞭になってきます。また、両親は夫婦として向き合う課題に直面します。夫婦は結婚後十数年を経て、お互いの理想と現実のギャップをどのように認め受容していくのかという葛藤を、巣立とうとする子によって突き付けられます。

一方で、思春期の子どもは「親から自立したい、でも甘えたい」という葛藤のなかにいます。それまで素直で順調に育っていると思っていたわが子が、突如このアンビバレントな感情を親にぶつけてきます。親は混乱し、子どもの矛盾した言動に振り回されて子どもの本心が見えなくなり、親としての自信も失います。この時期の子どもの反抗的態度は、どの家庭でも通過する関門とされています。しかし、まれに子どもが反抗できないまま思春期を送るケースもあります。V子の母親がそうでした。面接のなかで母親自身の思春期について尋ねてみました。母親は当時を振り返り、幼い妹の世話や家業で忙しい両親のことを思い、甘えたりましてや反抗などできずに自身の感情を抑えてきたことを明かしました。

子どもはネガティブな感情を安心して家の中で発散できると、次はポジティブな感情をもって外の世界に出ていきます。ある意味で子どもの反抗は、親が子どもにくつろげる場を与えている証しともいえます。V子の母親は、自身はそれを経験することができなかったにもかかわらず、安心して反抗できる環境をV子に与えていたのです。

(4)不登校への対応

不登校の対応については「本人が動くまで待つ」というものから「とにかく学校に行かせる」というものまで、さまざまな情報が氾濫しています。われわれは、安直な登校刺激が必ずしもよいとは考えていません。なかには医療機関の介入が必要なケースもあるでしょう。一定の休養が必要な場合もあります。ただ忘れてならないのは、子どもはいつまでも子どものままではいられないということです。子どもはやがて成人します。親も年老います。子どもは家庭のなかで母親との二者関係から父親を交えた三者関係へ、そして社会へとつながっていくことが必要です。その家庭と社会をつなぐ媒介となるのが、学校という〝場〟です。子どもは学校という枠に守られながら、同年齢の友人のなかでさまざまな体験を通して成長していきます。V子の両親は娘の成長に学校という〝場〟が必要だという共通の認識をもっていました。両親は「三年たって登校できる保証はない、ならば、いまできることを親としてしたい」と思い、行動しました。「待つことがいちばんの解決策」というケースもあります。しかし、タイミングを逃すと、逆に復帰が難しくなる場合もあるのです。

V子を再登校させようと、父親は覚悟を決めて面接を受けましたが、V子の抵抗に気持ちが揺らぎ、説得して登校させたほうがいいのではないかと悩みました。しかし説得は、親子間での言葉の攻撃や応酬に発展し、最後には親が「勝手にしろ！」と言って幕切れとなってしまう場合が多いのです。それはある意味いちばん楽な対応かもしれません。しかし、そのまま事態が改善されず、本人が二十歳を過ぎたころ、「どうして、何もしてくれなかったの！」という叫びが暴力となって表出する可能性があります。親に自信がないと、凛とした態度でわが子に対応することはできません。子どもはそんな親に苛立ち、怒り、暴力は激化します。その後の解決手段としては、警察や病院に介入してもらうか、それこそ親が死に物狂いで、わが子を羽交い締めにして抑え込むしかないのです。そうなるまで事態を放置しておくのか、いま立ち向かうのか、親は決断しなくてはなりません。

(5)親を支える援助

面接当初、母親は、V子がほとんど毎日、一日中布団のなかで携帯電話をいじって過ごしていると涙を浮かべながら話し、加えて、へたに対応して状況がもっと悪化したらどうしようかと不安を募らせていました。援助者は、母親の不安を受け止め、ダメなときはダメなときでまた一緒に考えましょう、そして、V子も思春期の自立と依存の葛藤のなかで揺れ、不安でたまらない状況にいることを話しました。V子の苦しさが、いま、〝不登校〟という結果となって現れているのでしょうと伝えました。

しかし面接を重ねるにつれて、両親から聞くV子の様子は少しずつですが変化していました。不安が大きいときは父親も母親もV子の小さな変化を見落としていました。援助者がその小さな変化を告げると、両親は戸惑いながらそれに気づき、うれしさを隠しきれない様子でした。

もう一つ、母親が気づいたことがあります。わが子との言葉のバトルに埋没しかかったら、まずその場を離れるということです。言葉のバトルはお互いを必要以上に傷つけ、疲弊させます。母親はそのことに気がつき、風呂に入るという行動にでました。その結果、事態は好転しました。この一件で母親に自信と覚悟が生まれました。彼女の潜在能力が動きはじめたのです。

不登校という事態は親に相当なダメージを与えます。自分や子ども、家庭のすべてを否定されたように感じてしまいます。たしかに何らかの機能不全はあったかもしれませんが、その家族にはそれまでやってきたことによって培われた潜在した力・自己治癒力があるのです。にもかかわらず、親は無力感・無能感に埋没しがちです。わが子を思うがゆえにわが子の些細な言動に敏感になり、過剰な不安をいだいてしまうのです。

援助者の役目は、相談者の不安を受け止めるところから始まります。相談室という〝場〟で胸にたまったものを吐き出してください。そこから、いままでの生活を見直し、巣立ち前の子に対して親としてやるべきこと、親としての役割を一緒に考えます。実行するのは両親でしかありませんが、援助者は両親が覚悟と勇気をもってそれらを遂行できるよう支えていきます。

子どもは成長します。雛鳥は成鳥となり、やがて巣から飛び立ちます。自分からさっさと飛んでいく子、親につつかれ促される子、いつまでも巣にとどまろうとする子など十人十色です。子の巣立ちを支えることが、この時期の親の役割です。残された親にはそれぞれの個としての人生、夫婦としての新たな人生が待っています。V家では、父親はプラモデル作りと釣り、母親はお菓子作りとパッチワーク、夫婦としては映画鑑賞と食べ歩き旅行を、その後のライフワークにしたいと語っていました。巣立ったあとの親自身の生き方、夫婦の生き方をわが子に見せることが、次なる親の役割かもしれません。

●参考文献
石川瞭子『不登校と父親の役割』（青弓社ライブラリー）、青弓社、二〇〇〇年
石川瞭子『不登校から脱出する方法』青弓社、二〇〇二年
岡堂哲雄『家族心理学講義』金子書房、一九九一年
亀口憲治『家族システムの心理学――〈境界膜〉の視点から家族を理解する』北大路書房、一九九二年
亀口憲治『現代家族への臨床的接近――家族療法に新しい地平をひらく』ミネルヴァ書房、一九九七年
亀口憲治『家族臨床心理学――子どもの問題を家族で解決する』東京大学出版会、二〇〇〇年
柏木恵子『親の発達心理学――今、よい親とはなにか』（子どもと教育）、岩波書店、一九九五年
佐藤悦子『夫婦療法――二者関係の心理と病理』金剛出版、一九九九年
中村伸一『家族療法の視点』金剛出版、一九九七年

平木典子『家族との心理臨床──初心者のために』(「シリーズ「心理臨床セミナー」」2)、垣内出版、一九九八年

9・2　Y男の登校しぶりの背景にあったいじめを活用した事例　森　裕子

9・2・1　はじめに

この事例は、いじめがメインテーマではありません。いじめは本人、両親、学校ともに表沙汰にしたくない問題でした。いじめが背景にあるにせよ、登校しぶりという状態は中学生である本人にとっては、親に頼らず自分で解決していく自立という思春期の発達課題上でのつまずきでしたし、両親にとっては子離れ、人生の見直しに挑戦するという壮年期の課題でもありました。両親と学校との関係で考えると、教師である母親は担任クラスに不登校生徒をかかえていて苦慮し、学校は問題解決に機能しないというあきらめをいだいていたという職業上の問題が絡み合っていました。学校内では、友人がいじめにあっていることを担任に告げた本人が担任に無視され、しかもその情報が流れ出して「ちくった」と反対にいじめの対象になってしまったという学校内システムの機能不全という問題がありました。

解決のためにいじめを直接扱うか、あえて無視して思春期の子どもをもつ夫婦関係の調整に焦点を当てることで主訴の解決を導き出す方法をとるか、迷いが生じましたが、母親の職業上の立場を考慮して、登校しぶりの背景にあるいじめを学校との関係ではなく、父親がいじめに対応する本人を陰で

支えるという関係がつくれるよう配慮しようと考えました。

私は登校しぶりを解決するために、長引く単身赴任で存在が希薄になっていた父親が再登場するための資源としていじめを活用するという視点を選択しました。なぜなら、本人が父親を慕い、父親は留守中変化していた家族との関わり方がわからず、母親は中学生になった息子との関わり方を変化させることができず、仕事上での悩みをかかえ、父親の登場を願っていたという文脈があったからです。そのためにこの事例ではいままでの面接のルール、つまり援助者への依存を強化する可能性を防ぐためにメールを使用しないというルールを実験的に変えて、母親が父親を支える役割をとりやすくするため、母親を勇気づける手段としてメールを利用しました。

このルール変更の試みは、思春期に入った子どもと接する両親が子どもとの関係をシフトチェンジすることのイメージと重なり、またいじめにあっている本人を陰で支える父親という視点をもつことで、面接の流れはいじめを表沙汰にしたくないという本人、両親、学校の思惑に沿う文脈になりました。

この事例は私が在籍している、複数で相談を受けるというチームカウンセリングをおこなう相談室でのものです。いじめの扱い方、メールを使うことなど、なかなか意見がまとまらず苦労しましたが、成長していく子どもと付き合うときに大人側が対応の仕方を変えていくように、ケースによってチームのあり方をシフトチェンジできたことが、解決につながったのだと思います。

私はこの事例を、個人としての考えや想像を織り交ぜながら述べていこうと考えました。母親が相談の申し込みをするまで悩んでいたであろうことを、相談に来る前の家族を、面接で得た情報をもとに物語とし、面接終了時の家族関係の変化がとらえやすくなるよう、また事例が特定できないよう工夫しました。

9・2・2 事例の概要

主訴：公立中学二年生Y男の登校しぶり・部活だけの登校
相談申し込み者：母親
来談経路：相談室のホームページを見て
面接期間：中学二年の十二月から中学三年の四月まで
面接構造：三回（約月一回）、メールによる報告と返答が数回
来談者：両親と本人一回、両親二回
家族構成：父親（四十代前半、会社員、単身赴任中）、母親（四十代前半、中学教師。Y男とは異なる公立中学校）、兄（十八歳、一浪中。理系国立大学志望、進学高校卒）
登校しぶり状況：週末部活に参加、塾に通うがクラスには登校しない。夏休み明けにスパイクが切り裂かれる事件が起こる。そのころ母親と受験に関して言い争いになり、登校をしぶりはじめた。

9・2・3 相談に来るまでの家族

母親は、中学二年生のY男がそろそろサッカーをやめて兄と同じ進学校を受験するための準備をしてほしいと思っていました。大学受験を視野に入れて剣道をやめて高校受験に挑んだという父親の話

を聞いていましたし、母親の実家でも勉強がいちばん大事とされてきました。母親の両親は二人とも教師で、母親は小さいころから〈自主的に〉をモットーに育てられました。母親は姉妹の姉であり、Y男の兄と同様、運動より勉強が得意で、親から何か言われる前に行動するタイプでしたから、家でも学校でも叱られることはありませんでした。Y男のようにわがままを言ったり、駄々をこねた記憶がないので、小さいころから泣いて自分を主張するY男を理解したり、育てることに苦労してきました。ただ、Y男は父親にとてもなついていたので、父親の協力は得やすく助かっていました。

両親は大学時代に知り合って結婚した、いわゆる仲間同士。仲が悪いわけではないのですが、お互いに仕事が忙しく、とにかく無事に過ごせることがいちばん大事だと思っていましたし、実際いままでなんとか過ごせていたのです。

父親は自営商店の次男として育ちました。兄が後継ぎなので、小さいころから兄とは違う道を探そうと、有名大学を目指すために有名進学高校へと進みました。小学校のころから始めた剣道は中学校では優勝経験もありましたが、自分の将来のために本格的に剣道を続けることはあきらめていました。父親は大学卒業後、一流企業の社員として精いっぱい働いてきて、母親から子どもたちの様子を聞いてきちんとアドバイスをするような人です。

父親はY男が小学校四年生のときから単身赴任をしています。当時、兄がちょうど大学受験でしたし、母親には仕事を続けたいという希望がありました。Y男は父親っ子でしたが、反対意見を述べる機会は与えられず、家庭の方針に従わざるをえませんでした。しかし小さいころから通っていた地域のサッカークラブで面倒見のいいコーチにかわいがられ、サッカークラブではスターでしたから、特につらい思いをすることはありませんでした。父親の仕事は忙しく、月に一度帰れるかどうかという生活がいまでも続いています。

Y男には五歳年上の優秀な兄がいます。高校時代には生徒会の会長をこなし、将来は原子力関係の仕事に就くという明確な進路をもっています。兄はY男のことは嫌いではありませんでしたが、小さいころから母親の言うことを聞かず駄々をこねるので困った子だと思っていました。父親が単身赴任してからは、母親のグチの聞き役のうえにY男の父親役までこなしていたので、兄はY男と母親の言い争いにはほとほと参っていました。母親から口止めされていましたから父親に報告するわけにもいかず、「自分は親の期待以上に頑張っているのにY男はなんだ。父親に甘やかされているからわがままなんだ」と弟の行動が疎ましくなっていました。一浪中の兄には受験が迫ってきていました。

9・2・4　申し込み——母親の揺らぎ

夏の大会で大活躍したY男でしたが、二学期に入ってからは、週末に部活の顧問から呼び出されて出かける以外は、母親がどんなに叱っても登校しようとしませんでした。ある日、母親はナイフで切り裂かれたスパイクを見つけてY男に問いただしましたが、「母さんなんかに関係ないだろう！」とはねつけられ、取り付く島もありませんでした。またそのころ、Y男は進学先をサッカー強豪校にしたいと初めて希望を口に出していました。父親はY男が小学校のときからどんなにサッカーが得意でも誰もがプロになれるはずはない、どうしても進学高校を受験して大学に進学するように主張していました。そんなわけで、両親間のメールのやりとりは夏の大会後、Y男の登校しぶりと進路のことばかりになっていて、母親は切り裂かれたスパイクのことや週末の部活登校のことを言い出せずにいました。

母親は自分が仕事を続けてきたこと、父親の転勤に同行しなかったことが原因で中学生になったY男がますます自分の言うことを聞かなくなったのではないかという自責の念をいだいていました。また、母親の担任のクラスには不登校生徒が数人いて、その対応と受験指導も絡んで頭がいっぱいで、自分の息子にうまく対応する余裕もない状態でした。

母親は不登校に関する本を読んでいましたが、分析や解説が多く現実的にいますぐできることを教えてくれるものには出合っていませんでした。いままで教師として不登校児の保護者に伝えてきたことは「お子さんは疲れています。見守っていてあげてください」という自分でも納得のいかない言葉であり、受験期にある不登校の親子には、内申書を重視しない学校を勧めることしかできませんでした。自分の力が及ばないことを感じていましたし、学校に家族や外部の援助者と関係をもってまで不登校を解決するというシステムがないことも知っていました。教師間の軋轢もあって、職場で自分の息子が登校をしぶっていることをオープンに相談することもできませんでした。

仕事柄そう簡単には相談できない、でも母親としてなんとかしたい。父親っ子のY男だし、いままで留守宅を文句も言わず守ってきたのだから、今度は父親の出番のはずだと母親は思い、家族相談をしているという遠方の相談室に電話をかける決心をしました。「家族でいらしてください」という言葉は、母親にとって父親を誘い出すための願ってもない理由づけになりました。かさむ交通費や仕事を休むことは気になりましたが、言い出してみると父親はすんなり承諾しました。Y男はといえば、兄から「お前、一緒に行かないと何言われるかわからないぞ！」と言われ、また母親が「お父さんもあなたのことで一緒に相談に行くと言ってくれてるから……」と説明すると、予想外に同行するとのこと。父親は赴任先から直接相談室に行くというのでお互いに直接話す余裕はありませんでした。母親とY男との諍いはすでに日常茶飯事になっていたので、二人で相談室に行くのは気が重く、帰宅して一緒に出かけてくれない父親に対して不満をもちましたが、何かあれば、いつもと同じように兄を頼りにしようと母親は心に決めていました。

9・2・5　面接の経過

(1)初回面接——申込書の枠外に書かれたいじめ

本格的な冬の訪れのころ、家族は来談しました。細身の父親は笑みをたたえ、母親は深刻な、Y男はこれから何が始まるのかという疑心暗鬼な表情。父親はY男の肩にふれながら、母親はそのあとから入室、Y男は両親に挟まれて小さくなって座っていました。

記入された相談内容は「次男の登校しぶりにどう対応したらいいか」でしたが、枠外に小さく「Y男のスパイクが切り裂かれたという事件があった」と書かれていました。母親はY男と言い争いをしてしまう自分自身のこと、Y男が部活をやめて進学校に進むことを決意してほしいことを訴えました。父親はY男の部活登校のことは知らず驚いていましたが、将来のために進学校を受験することがいちばんで、そのために登校しぶりを解決しなくてはいけないという主張でした。両親が説明している間、Y男はとても居心地が悪そうだったので、両親とは少し離れた席に座ってもらうことにしました。

「親として、Y男にどう対応したらいいのか教えてほしい。登校しぶりを解決したい」と食い下がる両親ですが、いまのY男の状態をどう理解しているか、学校との連絡をどのようにとっているのかを質問しても答えはありませんでした。自分の受験のことしか語らない両親を眺めていたY男でしたが、「本当は何か考えているのでしょう?」と誘うと、「将来のことはどうであれ、強豪高校で思いきりサッカーをやりたい。自分の成績では兄のような進学校には入れないし、もし合格したとしても意味がない」と発言し、「塾に行って、ちゃんとやっているから……」と答えると、表情がさえなくなりました。

Y男の毎日の家庭生活や学校生活を詳しく具体的に聞いていくと、母親が「じつはたいしたことではないのですが、この夏休みにY男のスパイクがナイフで切り裂かれていたという事件がありまして……」と話しはじめました。それを必死で止めようとしたY男に、母親は「しまった!」という顔つきをしました。父親は初耳だと驚いた様子でした。しかし、両親は顔を見合わせる以外の反応はせず、Y男は身を硬くして両親の反応を見ていました。しばらく沈黙が続きました。

Y男に再び意見を求めると、進路について両親が理解してくれないこと、部活にも本当は行きたくないけれど顧問から強引に呼び出されて参加していること、塾の先生は自分の希望を理解してくれているので勉強はして高校進学には備えると、話しました。母親はこれを聞いて、同級生の保護者からの情報として「スパイク事件が起きる前、友人が先輩からいじめを受けたことをY男が担任に話したのに無視された」ことを付け加えました。Y男は母親を睨み、それに対してまた「しまった!」という表情の母親。母親はこの事件にまつわることを父親にも学校にも相談していませんでした。なぜなら、スパイク事件のことを問いただしたときのY男の反応が予想以上に猛々しかったことや、週末の部活にしか登校していないY男の行動に当惑していたからということでした。何も聞いていなかった父親は少々面食らったかのようでしたが、「いじめなど昔からあった。そんなもの自分で立ち向かうものだ！」とだけ言い、進学校に行く利得とサッカーだけでは人生が成り立たないことをY男にこんこんと言い続けました。

「お母さんはお父さんが留守の長い間、ときどき帰っていらっしゃるにしても、仕事をしながら一人で思春期の男の子相手によく頑張っていらっしゃいました。心細いこともたくさんあったでしょう」と母親をサポートすると、「おにいちゃんが私を助けてくれましたから」と反応し、それを聞いた父親とY男の表情が少し暗くなりました。

両親が学校と連絡をとる予定があるかを確かめましたが、はっきりしません。「Y男がOKしないのですか？」の問いに母親はY男の様子をうかがいながらうなずき、父親はノーコメントの姿勢を崩しませんでした。そのとき、Y男が突然「期末試験を受けなければならないから、これからは登校する」と発言し、ほっとした様子の両親。「本当？　まだ家族で意見が合っていないけど？」と何度も確認しましたが、Y男はもう一度、学校に行くと宣言しました。Y男の宣言を喜ぶ両親とこれ以上立ち入らないでくれと言わんばかりの表情をしているY男だったので、本日の面接はこれで終了しました。次回面接は一カ月後。通常、メールでの相談はしていませんでしたが、いじめのことが気になりましたし住まいが遠方でもあったので、メールでの連絡をOKとしました。

⑵初回面接後の検討――いじめをどう扱うか？

教師である母親の職場での苦労話が出ないこと、夫婦間に感情的な交流が見られないこと、両親がY男の進路を決めていたこと、父親に対して母親が都合の悪い情報を止めていたこと、母親がY男がいじめに巻き込まれていたことを知りながら対応しようとしないこと、そんなこと知りたくもないというそぶりを見せた父親、両親がいじめ事件にふれようとすることをひどくいやがったY男、兄が父親・夫の役割を代行していること、気になる点がいくつもありました。枠外にいじめが記入されたのはなんとかしたいというサインです。登校しぶりに関わる大きな問題なのに、どう扱っていこうかと方針が定まりませんでした。あえて取り上げないとしても、いじめについてキャッチしていることをこちらが何らかの対応を考えていることを伝えなければY男の担任と同じ轍を踏み、無視することになってしまうと思いました。

いじめに対する家族の反応から学校関係のことにはいまはふれず、Y男の思春期に対応できるように両親の認識を変化させることに焦点を当てることにしました。傍観者になっている父親がY男のいじめに関わることで夫婦関係までもが変わるだろうと推測しました。「いじめなど昔からあった。自分で立ち向かうものだ」と言う父親の主張が気になっていました。「いじめられているY男を両親がどうサポートするかが差し迫ったテーマではないのか？　Y男は両親も教師も信用できていないのでは？　登校宣言してみて両親の反応を確かめたのでは？　この場を凌ぐための宣言だったのでは？」という疑問が出てきました。

Y男が拒絶することもあって母親が学校に連絡をとらない状態が続いているので、部活顧問や変則的登校を許している学校の意向は確かめようがなく、学校との関係調整は有効にはたらかないと判断しました。家族が不登校に直面する準備ができていないのに援助者が直接学校に連絡することはできません。事態をこじらせてしまう場合があるのです。

次回の面接では、Y男を思春期の男子として対応するために父親自身の思春期を思い出してもらうこと、Y男のために両親が協力するにあたり、お互いに何を望むのかを率直に語ることを話題の中心にすることにしました。また、父親がいじめている相手の家に行くと子どもに宣言したことで解決に向かったケースがあったことを伝え、父親が動きだす可能性があるかどうか観察することにしました。さらに、母親が学校という職場でいじめにどう対処しているのか質問することも考えました。いじめの話題を正面に据えず脇からふれるというアイデアでした。学校以外で味方になってくれる人はいないだろうかと、Y男の周囲にいる大人にも関心がいきました。

(3)母親からのメール——予想外の急展開

母親からのメールは「Y男の登校するという言葉を鵜のみにした父親が帰宅したときに登校を迫り、父子で取っ組み合いの争いをした」というものでした。「父親の行動は失敗に終わり、Y男は部活にも行かず不登校状態になっている。しかし不登校状態にあるにもかかわらず父子関係は悪くなっていないし、かえって温かい雰囲気が流れはじめたようで不思議に思っている」「夫とY男がなりふり構わずお互いに自分の思いを叫び合い、取っ組み合っている姿を見て、夫への気持ちが少し和らいだ」と母親はつづっていました。「面接では言えなかったが、職場では不登校の生徒の対応で苦労していて、Y男の不規則登校で心身ともに参っていた。どこにも相談するところがなかったので」と最後に一言ありました。

父親の早急な行動に驚きましたが、「父親の真剣な気持ちがいいほうに作用しはじめた」と伝え、「母親が父親を見直しはじめたことは大変すてきなことで、これはいいことの始まりだ」と、大いに勇気づける返事をしました。こちらからの返事は極力簡潔なものとすること、相手がおこなったことによい点を見つけて評価することにしました。次の面接まで、家族が頑張れるように応援するという意味合いでメールを活用することにルールを変更したのでした。

(4)二回目の面接――自主的に行動するとは？

両親だけが面接にやってきました。両親には伝えてありませんでしたが、本人が来ることを必要だとは考えていませんでした。両親がいかに協力してY男の思春期を支えるか、つまり、子どもを独立させる時期にある親は何をしたらいいのかを理解し実行してもらうことがテーマでした。五年後にはやってくる二人だけの生活の準備でもありました。

まず、父子げんかが家族変化のきっかけになっていること、行動した父親の勇気をたたえました。Y男が小学六年生のときに塾のことで母親とけんかをして小さな家出を試み、赴任先の父親を帰宅させたことがあったこと、母親が学校という職場で不登校児をかかえていてその保護者への対応で苦慮していたこと、両親それぞれが思春期時代に悩んだことなどが語られました。「いじめには自分で立ち向かうものだ」という前回の父親の発言は、Y男を突き放すことになったのではないかと両親に問いを投げかけました。「自分で何でもすることはどんなときにでも必要でしょうか？」「相談するってどういうことなのでしょうか？」。二人は沈黙していました。とにかく一人でやっていくのだと思ってきました。「苦しんでいたとき、親に大丈夫だよと言われたかったかも」と父親。「自分のことは自分で、人に言われる前にする、自主的に行動するというモットーで育ちました。実家からY男がわがままだと言われ、母親失格だと悩みました。単身赴任をさせてまで仕事を続けたので、夫に相談するのに気が引けていました。本当は夫に助けてもらいたかったことも多かった。仕事でも不登校に関して無力な自分でつらい」と母親。「子どもが自主的に動くということって勝手に行動してしまうということでしょうか。本人の意に添わないこともあるし、言うとおりでも困るし。関わる大人は本当に大変、後始末もね」というこちらの発言に笑いが起きました。

Y男は不規則な部活登校を再開していました。塾の先生に大学進学のことまで含めて真剣に相談していたことがわかり、両親は高校受験のことはY男に任せていいかもしれないと思うほどに認識が変わってきていました。ある父親が「いじめっ子の家に乗り込むぞ」と宣言したことが解決につながった話や、親は子どもの人生マラソンにおいて給水する人にしかなれないことを伝えました。いじめの問題はまだ解決していないようでした。

(5)母親からのメール——「こんなことが起こっていました」

サッカー部員のなかにスパイク事件に関わっていた子がいたこと、部活顧問はそれを知りながらも学校と折り合いをつけてY男を呼び出していたこと、二、三年生にいじめのグループがいてY男が担任に告げたことがわかり目をつけられてしまっていることが報告されました。この情報はすべて小学校時代の地域のサッカーコーチからのものでした。「何かあったら守ってやる」とY男に約束したことがコーチから直接母親に知らされていました。その報告を母親から受けた父親は、帰宅したとき、「何かあったら、父さんが守ってやる」とY男に宣言したことも書かれていました。「部活顧問がY男を守ってくれていたとも考えられます、なかなか渋い先生ですね。コーチを味方につけたのはY男。お父さんは本気で格好いいです」と返しました。

(6)三回目面接――時も味方につけて

面接に現れた両親の雰囲気は柔らかいものに変わっていて、春でもあり母親の服装が少し明るい色のものになっていました。笑顔も無理はしていません。

父親からは、転勤で自宅に戻ったこと、母親からは、兄が志望校に合格して一人暮らしの大学生活をはじめたことが報告されました。Y男は父親と相談のうえ、サッカー強豪校に進学してサッカーに本気で挑戦することになっていました。大学進学も父親と約束していました。

Y男は三年生になり、幸いなことにいじめグループの大部分は卒業していました。父親がY男にいじめ対応宣言したことを除いては、親が学校の担任に相談に行ったりするなど表立った行動をとることはありませんでしたが、母親は塾の先生やサッカーコーチとは話をするようになっていました。母親はY男の生活になるべく口出しせず、兄にグチをこぼすことも少なくなっていました。

両親にY男の進路のことを尋ねると、「高校はY男が志望したところでもいいかと思うようになりました。ただ、プロになることは難しいこと、大学には行ってほしいことは伝えています。自分の子ども時代のことを息子たちに話したのは初めてでした。Y男と取っ組み合いをしたとき、Y男がやっとオヤジと正面から取り組めるという目をしていました。必要とされているって感じましたよ。うれしかったですね。父親っ子だとは思っていましたが、駄々をこねるいつまでも子どもっぽい子だと思っていたんです」。父親はしみじみと語り、それを見る母親の眼差しは柔らかいものでした。

「不登校生徒の保護者は、教師に文句を言うか泣き言を言うかで、対応に困っていました。自分はそうなってはいけないと金縛り状態でした。保護者の家庭のことにまで口出しできませんし、教師同士ピリピリしていて、なかなか本音で協力することができませんでした。みんな必死でなんとかしようとしているのですが」と母親は職場での葛藤を口にするようになり、Y男の進路に関しては父親と意見が一致していました。

まず、「いじめに関して父親の毅然とした態度がY男を勇気づけたし、それを見ていた母親をも助けることになったようですね」と父親を評価しました。母親に「教師ではなく、母として接していることをY男は感じ取っているはず」と伝えました。いじめの問題は下火になってきてはいるけれどけっしてなくなったのではないこと、Y男が学校や教師に対して信頼感を失っている可能性が高いこと、しかし家庭で大人扱いされはじめたことでY男自身が成長しているはずであること、Y男には学校外に味方をしてくれる大人がいることがいいこと、など心配な点や改善している点を整理して伝えました。そして、学校に頼れなくてもどこかに解決の糸口があること、親の覚悟しだいで家族の関係が変わってくること、子どもが自立していくときには両親は親子関係のシフトチェンジをせざるをえないことなどを語り合いました。

母親は「教師や親がすべてを解決しなくてはいけないと思い込む一方で、子どもを自主的に行動させなくてはいけないと考えていたら、どう関わっていいのか混乱して苦しかったのでしょう」と言いながら、部活顧問の対応は不可解だったけれど、事情がわかってみれば学校内でY男のために努力してくれたのだと思えるようになったとのことでした。面接に父親を誘うときのことや、塾の先生やサッカーコーチとの関わりのことを思い返すと、困ったときには直接相談してみることが有効だと実感したと語っていました。なんとか自分たちでやっていけると思えるようになったというので、この回で面接を終了にすることにしました。

(7)母親からのメール・いじめ後日談

母親は、新しいクラスにいじめの残党がいたこと、部活の雰囲気が変わったことをY男から聞いていました。新しい担任がクラスメートを呼び出して、進路に関していやみを言ったということがすごくいやだったらしく一日休んでしまったこと、でも次の日から登校したことなどが淡々とつづられていました。Y男のボヤキはまだ続いているそうですが、両親は顔を見合わせて笑って過ごせるようになりつつあるということでした。返事は「そうでしたか。何よりです」だけにしました。

9・2・6　面接終了時の家族

面接の過程からもわかるように、家族関係は変化してきました。父親がY男と取っ組み合いをしたことで父とY男の関係が近くなったこと、その二人を見ていた母親の父親に対する想いが近くなり親しく感じるようになったことで、兄は夫役割・父親役割を降りることができました。また、母親とY男の距離が少し離れ、過剰な口出しが少なくなってきています。

親子間の境界線がはっきりして、夫婦関係が親密なものになりました。自主的にということを強く思っていた両親は、自立のために必要な下支えの役を引き受けることができるようになりました。また、家族外に相談をすることができるようになり、家族のなかの風通しがよくなっています。

9・2・7　潜んでいる解決資源　そして大人の役割

この家族は三回の面接と簡単なメールのやりとりで、解決の方向に向かうことができました。幸運に恵まれました。何が幸運でしょうか。よく周囲を見渡してみると、解決のための資源は意外なところに潜んでいます。

学校内。部活顧問。Y男がサッカーのスター選手だったために週末におこなわれる試合に呼び出していたのだと考えてしまえば、「ひいき」ということにしか目がいきません。しかし、いくら顧問であっても、学校のルールに従わずに変則的な登校を強いることができるのだろうか？と疑問をもてば、関わり方さえ間違わなければ解決資源です。

時間。いまこの問題が人生のどこに位置しているのか、急がなければならないのか、少し漂ってみるのか、問題を少し客観的に見ることができれば、時も味方にできそうな気がしてきます。

地域。同級生の保護者からの情報で、Y男は母親が想像していた以上に学校で苦しい立場にあることがわかりました。小学校時代のサッカーコーチはY男がスターだったからというだけで助けてくれたのでしょうか。母親はY男がサッカーから離れて受験勉強に励んでほしいと思っていたころ、サッカーに関わる人と付き合いたくなかったのに、助けてもらうことができました。面倒見のいいコーチのもとには小学校を卒業しても子どもが集まってきては、いろいろな話をしていたとのことでした。

職場。母親は、不登校に対応できないという負い目もあってY男の問題を職場で相談できませんでした。ひょっとしたら、学校という職場にもY男の部活顧問のようなシゾイ教師がいるかもしれません。父親の帰郷は、長引く単身赴任を終えて家庭を大事にしたいと自分から申し出た結果でした。職場には聞く耳を持った上司がいるかもしれないということなのではないでしょうか。

勇み足。父親の早急な行動がこの事例では功を奏しました。父親の本気が、父親の登場を待ちわびていたY男の思いと合致したのです。父親の登場が問題解決のキッカケになることも多いのですが、文脈を読まず、建前だけで行動すれば空振りするだけでなく、問題はよりこじれてしまいます。

大人の役割。事例に登場する〈自主的に行動する〉モットーは学校の標語としてもよく見かけます。大人が望むことを言われないうちにすることという誤解をしていないでしょうか。〈自主的〉をモットーにさまざまなことを子どもに選ばせて、失敗すると「あなたが選んだのだから！」と突き放し、「失敗の原因はあなた」という図式を突き付けられると、子どもは自分がどうしたらいいのかわからなくなってしまいます。「大人が押し付けた」と反抗することもできず、「悪いのは自分」となり、行動することができなくなってしまいます。〈自主的〉に潜む恐ろしさを感じます。大人は子どもたちにそれこそ自主的に、つまり勝手にやってしまうことの限界を教え、失敗したらやり直しを教え、見えない下支えをして必要な依存を受け入れ、一緒に後始末することもいとわない、こんな大変で面白い役割を担っています。しかも、自分の感じたこと考えていることがわかるように生きている生身の大人を子どもたちは望んでいます。

この事例のようにいじめが絡んでいる場合でも、再調整された家族力がはたらきはじめると、いじめに脇から対処することもできるということをお伝えしたかったのです。しかし残念ながら、この事例でも垣間見られたように、学校システムがいじめに加担してしまっている場合もあり、過酷ないじめや急いで解決しなくてはならない事例もあります。今回のように子どもの訴えを無視する担任が存在することを知っている子どもたちは誰に援助を求めるのでしょうか。学校システムのなかで外部と協力して柔軟に動ける人がいるでしょうか。悲観的になってしまいますが、でもY男の場合のように学校のルールに従わず(折り合い)部活登校という変則的な関わり方で、ある意味子どもをいじめから守る教師もいるのです。システム内では変わり者と呼ばれているかもしれません。解決資源とは意外なところに潜んでいるのです。関わり方さえ間違わなければ、既存のもののなかにでも十分に資源となるものがあるという視点も役立つように思います。

●参考文献

E・ゲルサー/A・マッケイブ/C・スミス＝レズニック『初歩からの家族療法——ミラノ派家族療法の実践ガイド』亀口憲治監訳、誠信書房、一九九五年
石川瞭子『不登校と父親の役割』(青弓社ライブラリー)、青弓社、二〇〇〇年
インスー・キム・バーグ『家族支援ハンドブック——ソリューション・フォーカスト・アプローチ』磯貝希久子

監訳、金剛出版、一九九七年
亀口憲治『家族の問題――こころの危機と家族のかかわり』人文書院、一九九七年
東豊『セラピストの技法』日本評論社、一九九七年
東豊『セラピスト入門――システムズアプローチへの招待』日本評論社、一九九三年
ビル・オハンロン／サンディ・ビードル『可能性療法――効果的なブリーフ・セラピーのための五十一の方法』宮田敬一／白井幸子訳、誠信書房、一九九九年
田中千穂子『母と子のこころの相談室――〝関係〟を育てる心理臨床』医学書院、一九九三年
内田樹／名越康文『14歳の子を持つ親たちへ』（新潮新書）、新潮社、二〇〇五年
長谷川啓三『ソリューション・バンク――ブリーフセラピーの哲学と新展開』金子書房、二〇〇五年

9・3　主訴「不登校」の疑問

佐藤量子

9・3・1　はじめに

文部科学省の「平成十七年度学校基本調査」によると、不登校を理由とする長期欠席者数は小学校で二万三千人、中学校で十万人でした。前年度より、小学校では千人、中学校では二千人の減少だというものの、依然として不登校を理由として学校に行っていない児童・生徒の数は多いといえます。ひとくちに不登校といっても、その背景にはさまざまな要因が複雑に絡み合っていることは周知の事実です。「不登校」を理由としている十二万三千人の児童・生徒の不登校にいたった経緯は十二万三千通りあります。そしてその解決策も、十二万三千通りあるのです。

不登校は、現代の子どもの情緒的な問題行動のなかで最も高い割合を占めています。石川瞭子は、現代の子どもの情緒的な問題行動の解決の困難性について、その援助の特殊性を指摘しています（「現在の子どもの情緒的な問題行動の問題と解決の構図」）。多くの場合、問題をかかえている本人が相談を申し込むことなしに援助が開始される、また多くは本人が来所しない点、そして本人の多くが相談の動機さえもっていない点、非常に個別性が高く、有効とされる方策が対象によって異なる点、早期解決が志向される点、社会・家族と個人のシステムに関わる必要がある点、援助は行動の変化と同時に認知や感情にもはたらきかける必要がある点です。これらの特殊性があるために、教育現場でも福祉現場でも懸命な努力がされているにもかかわらず、有効な解決策が見つからないままに依然として不登校が現代の子どもの情緒的な問題行動の大多数を占めているのです。

ところで、援助の過程で「主訴」が変化するという場面に多く出合います。多くの児童や生徒が「困っている」と言えている問題以外に、言えない、あるいは言えていない問題やまだ本人が気づいてさえいない問題をかかえていることがあります。たとえば、「学校に行きたくない」という話を聞いていく過程で、「勉強がわからない」「仲間はずれにされた」ことなどがきっかけで「学校に行けなくなった」ということがあります。つまり、大人もそうですが、子どもであればなおさら、現在の自分の問題点や困っていることについて明確につかめていないことがほとんどなのです。子どもは、何に「困っている」のかが自分でわかっていないことが多く、また石川が指摘するように、子どもの情緒的な問題行動は、親自身の未解決な問題などに影響を受けている場合が多いのです（「現在の子どもの情緒的な問題行動の問題と解決の構図」）。したがって、「困っている」と言えている問題に対処することでかえって本人が大変な思いをし、場合によっては症状が悪化することも起こりえます。あるいは、「困っている」と言えている問題に対処する過程で、別の問題が明らかになることも多々あります。主訴に対処するのか、症状に対処するのか、問題に対処するのか、何に対処していくのかを間違うと、問題をより複雑にしかねません。したがって、現代の子どもの情緒的な問題行動に対応する際に必要なことは、「問題を分析し問題の構図を明らかにすること」（「現在の子どもの情緒的な問題行動の問題と解決の構図」）が必要です。

本節では、私のスクールカウンセラーや教育相談センターなどで相談員をしてきた私の経験から、主訴「不登校」に対する疑問について述べたいと思います。「不登校」を主訴としながらも、援助の過程で別の主訴や症状、問題が明らかになっていった事例を報告し、不登校という主訴の曖昧さを検証します。そして、主訴・問題・症状を整理し、問題を分析することの重要性について検討していきます。まず、援助の過程で主訴が変化した不登校事例を三つ報告します。次に、その背景となった「いじめ」の定義と現状について述べます。最後に、「不登校」という主訴の曖昧さについて論じ、三事例の主訴・症状・問題を石川の図を使って整理し、主訴「不登校」の疑問を検討します（「現在の子どもの情緒的な問題行動の問題と解決の構図」）。なお、文中の事例は、事実を損なわない程度に修正しています。

9・3・2　不登校を主訴とする事例

事例1　O子、小学校三年生

O子は三年生になった五月のゴールデンウィーク明けから登校をしぶるようになり、母親とともに相談室を訪れました。O子は、ハキハキと物を言う愛想のいい女子でした。相談室では物怖じせず自己紹介をし、母親を気遣い、ときには叱咤激励する姿が印象的でした。O子に相談室に来るようになった経緯について聞くと、「うーん。わかんない」と言って首をかしげました。母は「大丈夫よ。話しても大丈夫」と言いながら涙ぐんでいました。

母の話によると、O子は二年生まで元気に登校していたがクラス替えでそれまで仲のよかった子と一緒のクラスになれず、新しいクラスに気の合わない女子がいて、その子からいじめを受けているということでした。O子をいじめている女子というのはクラスの中心的な人物で、みんながその女子の機嫌をうかがっているために、O子と遊びたくても遊べない女子たちがいるということでした。いじめは、O子を仲間はずれにしたり、悪口を言うというものでした。母は、「どうしてO子がこんな目にあわなきゃいけないのだろうと思って……O子がかわいそうで……」と涙を流していました。O子は「お母さん、また泣いている〜」と笑っていました。

後日、担任からO子について相談したいと連絡がありました。担任は、O子が登校をしぶるようになってからクラスでいじめの問題について取り組んできたと言います。O子が希望していると母が言うので、席替えや班替えをして、いじめをしているという女子とも話をしてみたそうです。その女子は、「いじめてなんかないよ」と言ったそうです。担任は、O子を仲間に入れてあげてほしい、みんなでやさしくしてあげてほしいとその女子に話をしました。O子に対しては、家庭訪問などをしてO子と話をする機会を多くもち、安心して学校に来られる環境は整っていることを折にふれて伝えているということでした。しかし、Ｏ子は登校時間になるとお腹が痛いと訴えて登校時間を過ぎてから保健室へ登校し、教室に入ることができない日々が続いていると担任は語りました。

担任から見ていると、いじめていると言われた女子はたしかにきついところもあるが勉強もできるとてもしっかりした児童で、ほかの児童からの信頼も厚いということでした。また、Ｏ子はわがままでだらしないところがあり、ほかの児童たちにとって受け入れがたい面もあるように思うと話しました。保健室の養護教諭は、「三年生にしては幼稚で、わがままなところがあると思います」と言いました。そして、保健室で過ごしていると校長先生や教頭先生がＯ子の様子を見にきて話をしてくれることや、担任が様子を見に来てくれることに得意げになっているような気がすると語りました。また、担任は新卒の男性だったのですが、その担任への甘え方が見ていて恥ずかしくなるようなところがあるとも話しました。「先生に抱っこをせがんだり、ひざの上に座ったり……。ああいう甘え方を教室でしていたとしたら、ほかの児童から快く思われなかったんじゃないかと思います」ということでした。

母親は毎日のように学校に行き、校長先生をはじめ担任や養護教諭にＯ子の気持ちを代弁し、Ｏ子が登校できるように「クラス替えをしてほしい」「班替えをしてほしい」「グループをつくるときに配慮をしてやってほしい」「声をかけてやってほしい」「家庭訪問をもっとしてほしい」と訴えました。学校側はできるかぎりの対応をしましたが、Ｏ子は教室に入れない日々が続き、次第に、学校側はＯ子親子への対応に徒労感を感じはじめました。学校はさまざまな策を講じてきたのですが、母親はさらにさらにと要求し、Ｏ子は依然として教室には入れないのです。そして、とうとう「Ｏ子の登校しぶりはお母さんにも問題があるんじゃないでしょうか」と担任や養護教諭は言いはじめました。学校と母親の関係は悪化し、O子は登校をしなくなったのです。

事例2　P子、中学校三年生

P子は中学校三年生でした。P子の事例には、担任と養護教諭を通して関わりました。P子は靴を隠されたり、教科書をゴミ箱に捨てられていたりすることが続いていています。P子の机には、「消えろ」「キモイ」「死ね」と書かれていることもあります。担任はそのつどクラス全体に指導をしてきたのですが、「どうも腑に落ちない」と言っていました。

P子への「いじめ」がクラスのなかで明らかになってから数日間、何かがなくなるたびにクラス全員が探し、クラスのメンバーはP子に対してとても支持的に接していました。学年をあげていじめを阻止しようという動きが起こり、校内の先生が見回りを強化し、生徒もお互いに目を光らせていました。しかしP子への物隠しやいたずら書きというじめはなくならず、担任もクラスのメンバーも「どうしてだろう」「誰がやっているのだろう」と思うようになりました。P子は「学校へ来るのがつらい」と訴え、担任はP子の気持ちを考えて、つらいときは保健室で過ごしてもいいから、学校へは来るようにと励ましました。そうしてP子は保健室登校をするようになりました。

担任が「腑に落ちない」と語ったのは、P子がクラスの人たちから嫌われていると感じていることや、女子から冷ややかな目で見られているという訴えと、担任が感じているクラスの雰囲気とは大きな隔たりがあるように感じることでした。担任はクラスの女子がP子に対して支持的にあたたかく接している姿を見ていて、「いったい誰がP子の私物を隠したり、いたずら書きをしているのでしょうか。じつは、いたずら書きや物隠しをP子自身がやったとしか考えられないような状況があるんです」と語りました。養護教諭は、「言いにくいのですが、保健室でP子を見ていると、どうも演技をしているように見えるんです。みんなに声をかけてもらって、そのことに満足しているかのような……。保健室登校をすることはP子にとっていいことなのでしょうか。いつまで保健室で受け入れていればいいのでしょうか。ほかにも調子の悪い生徒もいるし、保健室登校を増やしたくないのです」と不安を語りました。

P子が言うようないじめがあるのだろうか、という疑問は、次第にクラスのメンバーにも広がりはじめました。クラス全員で探しはじめると、P子が「捨てられていた」教科書や靴を探し出したことがありました。自作自演ではないか、P子はいらないことを言うことがあってときどきムカつく、こんなに深刻な事態なのにP子はあまり深刻そうじゃない、とクラスのメンバーから批判が出はじめたのです。クラスの風当たりが強くなり、保健室へも行きづらくなったP子は学校を休みはじめました。P子が学校を休むと、いたずら書きもなく、P子の私物もなくならないので、クラスのメンバーは「やっぱり自分でやっていたんじゃないか」「P子って、小学校のときからわがままで自己中だった」と言うようになりました。

P子が学校を休むようになってから、P子の両親から学校に批判の電話が相次ぐようになりました。その内容は、「P子は学校でいじめられていると言っている。机に「死ね」とか、「キモイ」とか、「消えろ」とか書かれていたり、靴や教科書を隠されて、P子はとても傷ついている。犯人が見つかるまで、学校が安全とわかるまで、P子は学校へ行かせません！」「みんなから、自分で隠したり、いたずら書きをしているんじゃないかと疑われているように感じて、とても傷ついている。どうして自分でそんなことをしなきゃいけないのですか！　先生はどんな指導をされているのですか！　何をしてるんですか！」というものでした。担任はとても困っていました。担任は、「机の落書きも靴隠しも、P子がやったとしか考えられない状況がいくつもあったんです。自作自演じゃないかと私も思うのです。クラスのメンバーがP子に腹を立てる気持ちもわからなくはない。一生懸命探していたし、みんなでP子を支えていました。いじめはなかったと確信しています。でも、ご両親はそうは思っていらっしゃらないようですし、自作自演ではないでしょうかと言えるような状況でもない。P子は学校を休み続けているし、本当に困りました」と語りました。その後、P子は数週間学校を休みました。しかし、ある日突然登校し、その後も登校を続け高校へ進学しました。担任は「あのいじめは何だったのでしょうか」「P子は何を訴えたかったのでしょうか」と言いました。

事例3　X子、高校一年生

私がスクールカウンセラーをしているときに出会った高校一年生のX子は、うつむきがちで多くを語らない女子でした。X子が学校を休むようになって二カ月がたち、出席日数が足りなくなったころ、これからどうするのかを相談室で相談してみてはどうかと担任から勧められ、X子は来室しました。X子は、肩までの髪で顔を隠すようにうつむき、緊張していました。担任からは、「一人でいることが多い生徒で、ほかの生徒が声をかけたり面倒を見ていたりしても、心を開こうとしない。いろいろと話しかけてはいるが、X子は何も話さないので、担任としても対応に困ることがある。出席日数も厳しくなっている。このままでは留年になる」と話がありました。X子は相談室でもほとんど言葉を発さず、質問にはうなずきで答えることもありましたが、質問をすると緊張がさらに強まるようでした。

両親が離婚し、X子は父親に引き取られていましたが、父親の仕事の事情で父方の祖父母とともに生活をしていました。両親の離婚がX子の心に大きな影を落としているのだろうか、X子は虐待を受けていたのだろうか、X子はどんな子ども時代を過ごしてきたのだろうか、と私は思いをめぐらせました。

面接を始めて一年たったころ、「いじめられていたことがあった。でも、そのときに誰も助けてくれなかった」「何か、人って怖いなって、思う」と遠い目をして語りました。それからX子は、言葉を選ぶようにゆっくりと断片的に語りはじめました。X子は、小学校低学年のときから「キモイ」「ウザイ」「クサイ」「バイキン」「ゴミ」と言われていました。靴や文房具などを隠されたこと、席替えがあって隣の席になると「えー」といやな顔をして言われ机を離されたこと、先生が注意すると、机をいやそうにくっつけることなどをよくされたとX子は話しました。給食当番でX子が配膳をすると、「さわんな！」「こんなの食べられない」と言われました。蹴られたこともあったそうです。X子の通った中学校は、同じ小学校からの生徒が多く、中学校に進学してからもいじめは続きました。学校に行くのは怖かったしいやだったけど、行かなきゃいけないと思って行っていたといいます。勇気を出して中学校の担任に訴えたこともあって、担任は気にかけてくれたし、席替えやグループ決めのときには配慮をしてくれるようになったそうです。そのさまざまな「配慮」は、最初はX子にとってうれしく安心できるものでしたが、次第に「特別扱い」をされているとほかの生徒から言われるようになり、ますます浮いてしまったと語りました。「先生に言っても特別扱いになってしまうから、もう特別扱いは……」とX子は言いました。

X子はもともとおしゃべりなほうではなかったのですが、小学校でだんだん話せなくなり、中学生になると、人前で声を発することができなくなりました。「でもね、私も悪かったの」と言いました。「身だしなみにはあまり気を配っていなかったし、しゃべる努力をしなかったから」と。X子は、高校に入ったら変わる努力をしなくてはいけないと思っていたけれど、さらに話せなくなったといいます。しゃべろうとは思うけど、何をしゃべっていいのかわからない、声を出そうと思うと、汗が出た。高校ではX子を知っている人はほとんどいませんでしたが、人がたくさんいる場所が怖くて、授業中にあてられても声が出ず、先生に注意をされることも多かったそうです。声が出ないことについて先生に言えば配慮はしてくれるかもしれないけれども特別扱いになってしまい、中学生のときのように浮いた存在になってしまうのではないかと一人で悩みました。高校ではいじめはなかったけれど、次第に学校に来るのは無理だと思うようになりました。「でも、高校くらい卒業しないといけないよね。私、何の取り柄も特技もないもの」「変わらなきゃいけない」とX子は言いました。X子の断片的でポツリポツリとした話し方は、X子がいじめによって負った傷の深さを表していて、痛々しく生々しいものでした。X子は、集団に入っていく恐れが強かったため、個別対応が可能な高校を探し、通信制の学校に編入しました。小学校からのいじめは、X子に大きな心の傷を残していたのです。

9・3・3 考察

(1) いじめとは

現代の子どもの情緒的な問題行動の一つに、いじめがあります。近年、いじめを原因とした痛ましい自殺が相次いでいます。自殺するほど追い詰められているのに誰も気づかなかったのか、何か手立てはなかったのか、悔やまれることはたくさんあります。

子ども社会のいじめは、大人社会から見るとわかりにくさがあります。なぜなら、いじめが多様で複雑で秘密性があるためです。いじめには、ふざけ、からかいといったものから、けんかの延長線上にあるようなもの、あるいは刑事事件にまで発展するような恐喝や暴力もあります。また、いじめは「いじめた側」と「いじめられた側」の立場によってとらえ方が大きく異なることが多くあります。自分を守るすべを知らない発達段階での「いじめられた」経験はときに深刻な心の傷となりますが、「いじめた側」は深刻な傷となるような行為をしたととらえていない場合が多いのです。

竹川郁雄は、いじめの定義がいくつかの要素からなっているとし、「被害者の苦痛の有無をめぐる主観的な内面状態の判断と、攻撃的行為の状況的正当性の判断という二つの判定困難な部分を伴っている」（『いじめ現象の再検討』）としています。また小谷英文は、いじめの問題では、「加害者が被害者になるという円環的力学について述べ、いじめで被害者が加害者になり、加害者が被害者になり、心理的安全と心理的安全の逆転がみられる」（『ガイダンスとカウンセリング』）と指摘しています。つまり、精神的内界を問題とするなら、被害者側は物理的安全を侵略されていますが、加害者側は心理的安全感の欠如があるということです（『ガイダンスとカウンセリング』）。したがって、多様な要因から発生しているいじめの問題に対応するためには、いじめを部分的・断片的に見るのではなく、いじめが起こった背景や環境といった外的な要因と、被害者と加害者の内面的な要因をとらえるという、いじめを全体的・立体的に見る視点が必要になります。これは、主訴をどのように聞き、主訴に対してどのように対処していくか、まずは問題に対処していくのか、症状に対処していくのかを決める際の視点になるでしょう。

(2)現代におけるいじめの現状

私の経験では、「いじめ」の当事者が「いじめられて苦しい」と訴えて相談室を訪れることはほとんどと言っていいほどありません。「学校に行きたくない（あるいは不登校となっている）」「人が怖い」「勉強がわからない」「息が苦しくなる」という別の主訴での来室が多いのです。小学校の低学年では、「〇〇ちゃんが仲間に入れてくれない」と訴える場合もありますが、中学年くらいになると、いじめられているという事実に関して口をつぐむようになります。いじめが深刻なものであればあるほどその傾向は強まり、年齢が高くなればなるほどいじめの事実は語られなくなります。

いじめの事実を話せるようになるのは、時間を経てからです。いじめではない主訴での面接が進む過程で、「昔、ひどいいじめを受けたことがある」という事実が明らかになることも多くあります。それは、カウンセリングが心の傷を自らが癒すプロセスであることをカウンセラーとして感じるときでもあり、いじめが人の成長を止めかねない人権侵害にもなりうるという事実を感じるときでもあります。

あるいは、「いじめ」ということから新たな問題が提示され展開していく場合にも多く出合います。

「いじめられた側」がいじめの問題について取り組む過程で、別の問題や課題が明らかになってくるのです。いじめは複雑な要因が絡み合っているため、援助する側が共感性と客観性を同時にはたらかせていなければ適切な対応が困難となり、二次的な問題や深刻な事態を生みかねません。

学校では、いじめの訴えやいじめが発見された場合に、何らかの対応がなされます。「いじめが本当にあったのかどうか」を確認して、いじめに対応していくことが多いのです。対応によっては、大きな騒ぎになることもあります。そういった過程では、児童や生徒が本当にかかえている言えていない問題、あるいは見えていない問題に気づくこと、あるいは発達の課題に気づくこと、またそれらに対応することが遅れてしまう場合も起こりえます。いじめが深刻であればあるほど、「自分も悪いところがある」とX子のように自分を責める児童や生徒は多いのです。対応策に走ってしまっては、かえって追い詰めることにもなりかねません。その結果、不登校にいたることも起こりえます。いじめが起こった時期や過程、背景に関する理解がないままに対応だけを考えても、根本的な解決にはつながりにくく、かえって事態を複雑にする可能性は常にあります。そういった事態は、主訴・症状・問題を整理し、問題を分析することで回避できるのではないでしょうか。

(3) 事例の考察

事例１　O子の場合

O子の事例は、いじめに対してさまざまな策を講じたものの、不登校という結果に終わりました。O子のためにと考えられた対応策が与えられすぎたために、O子は逃げ場を失ったとも考えられます。

「学校に行けない理由」として「言えていた問題」が、登校する心の準備ができていないO子の前から一つずつ取り上げられていくような、そんな状況にO子はいたのかもしれません。学校に行くための環境準備は、母親や担任によって環境面では整えられていたのかもしれませんが、O子の心の準備という要因がいまひとつ欠けていたのかもしれません。

また、O子の「悪口を言われる」「仲間はずれにされる」という訴えに母親は驚き、傷つき、涙しました。O子はそんな母を気遣うようなそぶりさえ見せています。O子の訴えの背後にあるものは何だったのでしょうか。あとになってわかったことですが、O子には兄弟姉妹が多く、その兄弟姉妹も登校しぶりをしてきたという歴史がありました。このことからは、O子の家族全体に、母親からの分離というテーマが潜んでいたとも考えられます。それは、O子の、周囲から「度を越した担任への甘え」と受け取られていた行動からも見て取れるでしょう。そして、「いじめられた」ということにO子以上に情緒的な反応を示していた母親自身にも未解決な問題があったのかもしれません。

O子が感じた「いじめ」は本当にあったのでしょう。O子が訴えることに耳を傾け、体験していることに寄り添いながら対応を考える必要がありますが、そこにもう一つ、O子の発達上の課題や言えていない問題について考え、客観的に問題をとらえたうえでの対応がいま少し足りていなかったのではないかと悔やまれます。

「いじめられている」という訴えは、親や教員にとって心が痛む訴えです。特に教員にとってはクラス経営を問われることでもあり、迅速な対応を求められます。学校に「いじめ」はあってはならないことであり、「いじめ」のない学校に子どもが安心して登校できるようにしようと、さまざまな対応策も講じられます。しかし、悪口を言われることがなくなり、仲間はずれにされることがなくなったからといって問題が解決したとはかぎらないのです。主訴に対応するか、症状に対応するか、あるいは問題に対応するかによって、子どもを追い詰めてしまう可能性があることを示唆する事例であり、主訴の解決が必ずしも問題の解決につながらないことをあらためて考えさせられた、私にとって苦い思いが残る事例です。

事例２　Ｐ子の場合

Ｐ子は不登校にはならなかったものの、受験前の大切な数カ月を保健室で過ごし、学校を休むことになりました。中学三年生という時期は、進学を控え、誰でも不安定になりうる時期です。その要因も作用したのか、Ｐ子をいじめている「犯人探し」はクラスに独特な凝集性をもたらしました。生徒たちはとても真剣でしたし、いじめをなくしたいという思いで行動をしていましたが、私には犯人探しがある意味で「ゲーム」のようにも感じられました。架空のスケープゴートをつくりあげることで、クラスは凝集性を高めていたようにさえ見えなくもありません。そして、なかなか見つからない犯人探しは時間がたつにつれて本当のスケープゴートを生んでしまいました。私たちは何か問題が起きたとき、解決しようと全力を尽くせば尽くすほど問題が解決しないことに、言いようのない無力感が生まれ、それが怒りへと変わることがあります。クラス全体がいじめをなくそうと「犯人探し」をし、犯人が見つからなかったために関係者のイライラがＰ子へ向かったとも考えられるのです。

Ｐ子へのいじめはあったのかなかったのか、という追及をしても何も生まれません。そのことは、担任も養護教諭もわかっていたのでしょう。だからこそ、Ｐ子が本当に困っていることを理解しようと努めていました。P子が体験していた学校生活はどんなものだったのでしょうか。嫌われていると感じていること、冷ややかな目で見られるというP子の訴えからは、クラスで受け入れられないという体験をしていたとも考えられます。物を隠されたり、いたずら描きをされることに象徴される、いじめられているような体験だったのかもしれません。P子は家庭でも浮いた存在だったのかもしれません。両親は不在がちだったといいます。P子の訴えは、P子の心の叫びだったのでしょう。

そして、P子の担任の「P子が本当に困っていることって、何だったのでしょうか」という言葉はいまも私の心に残っています。P子の「言えていない」あるいは「気づいていない」問題をどう考え、どのようにアプローチをしていくか、アプローチの仕方しだいではかえって追い詰めてしまうことになるのです。

P子の事例は、クラスでのいじめ問題への取り組み方についても示唆しています。クラス内でいじめが起こったときに、同じ年の多感な生徒たちに対していじめについてどのように伝え、はたらきかけていくかは、クラスの雰囲気やその時期なども考慮に入れたうえで取り組んでいくことが必要です。もしも「犯人」が見つかったとしても、今度はその「犯人」がいじめの対象になりかねません。学校での対応の困難さをあらためて感じた事例です。

事例3　X子の場合

X子の事例からは、本来ならば学ぶことや友達と楽しく過ごすことにエネルギーを費やす時期を、外界から身を守ることにエネルギーを費やしてきたことが見受けられます。小学校時代からのいじめは、X子から人に対する、学校に対する、社会に対する安全感や信頼感を奪いました。X子にとって外界は、X子を傷つけるものとして体験されたのです。たとえいじめがなくても、いつまたいじめられるかわからない外界に対し、X子は自分を守ることで精いっぱいだったのでしょう。

また、X子の事例はいじめ問題に対して大人が介入していくことの難しさも示しています。X子は、いじめの現状を担任に話しましたが、そのことでかえって浮いた存在になってしまったという体験をしています。言葉の暴力などはなくなったものの、浮いている存在として注目されるという体験は、中学生のX子にとって二次的な傷として体験されたかもしれません。いじめの解決は、子どもの視点と大人の視点では異なることがあります。いじめた子を指導することで物理的な安全感を取り戻せても、心理的な安全感を取り戻せるとはかぎらないのです。

しかしながら、いじめには迅速な対応が必要です。いじめは長引けば長引くほど、深刻な事態になります。X子は、カウンセラーや教員といった大人とは話せるようになっても、同年代の人と話せるようになるにはさらなる時間を要しました。X子は、同じ歳くらいの人とすれちがうだけで「心臓がドキドキしてどうしようと思う」と言っていました。いじめはX子の人格を否定し、人権を奪っていました。人権を奪われることで、X子の成長は阻害され、社会に出ていくまでに多くの時間を費やすことになりました。いじめの問題が起こったときに、「いじめられるほうにも問題がある」という意見を耳にすることがあります。そして、いじめが深刻になればなるほど、いじめられた側は「自分にも問題がある」と自らを責めてしまいます。「いじめられるほうにも問題がある」という言葉は、児童・生徒をさらに追い込み、傷つけるのです。X子は自分を責め続け、あらゆる自信を失いました。それでも、「このままではいけない」と過去のつらい体験に立ち向かい、社会に出ていこうとしているX子に、私は胸のつまる思いがしました。

以上の三事例は、いずれも担任や関わった教員が子どもの心を理解しようと懸命な努力をしたにもかかわらず、O子とX子は不登校になってしまいました。三人とも、「言えていた」主訴の背景に複雑な問題をかかえていました。ここに、子どもの情緒問題を扱うことの難しさがあります。そこで、問題へのアプローチを考える際に重要な要因となる主訴を以下で検証します。

(4) 主訴の検証

O子、P子、X子の主訴・症状・問題を整理すると表1のようになります(「現在の子どもの情緒的な問題行動の問題と解決の構図」)。

表1から、「言えている問題」である主訴は「いじめ」や「人と話せない」であっても、主訴を形成する要因となった問題は、当人が「気づいていない」あるいは「言えていない」問題であることがわかります。O子は周りから「いじめられている」と感じ、教室に入ることが怖くなりました。一方で、担任への度を越した甘え、幼稚さという情報が養護教諭から話されています。小学校三年生というと、仲間関係の構築と養育者からの分離が発達上の課題となります。もしも、O子が同級生との関係形成につまずきながらも、安心して仲間関係の構築にエネルギーを注ぐことができていたなら、周りから「度を越している」という印象をもたれるほどに担任に甘える必要はなかったのかもしれません。さらに、もう一つ考えられることとして、母親のなかにあると思われる未解決な問題が挙げられるでしょう。母親の過剰ではないかともとらえられる学校へのはたらきかけは、不幸にもO子と学校

表１　Ｏ子、Ｐ子、Ｘ子の主訴の検証

事例	主訴	症状	問題
Ｏ子	いじめられた 教室が怖い	登校しぶり 保健室登校	友だち関係での失敗 家庭の問題 母親の未解決な問題
Ｐ子	嫌われている いじめられた	保健室登校	友だち関係でのつまずき Ｐ子の発達課題上の問題 家庭の問題
Ｘ子	人と話せない	緘黙	過去のいじめ体験による心的外傷 両親の離婚

の間に確執を生んでしまい、最終的にはＯ子を不登校へと導いてしまったと考えられなくもないのです。Ｏ子の事例を通して、Ｏ子の発達上の課題を考慮することなく対応策を考えても、解決には結び付かないことが示唆されます。

Ｐ子の「主訴」は物隠し、いたずら描きをされているなどの「いじめられた」という発言でした。教室が怖くなってＰ子は保健室登校を始めますが、なかなか見つからない犯人は、じつはＰ子自身なのではないかという噂がささやかれはじめます。学校に行きづらくなったＰ子は学校を休むようになり、Ｐ子の自作自演ではないかという噂に怒った両親は「学校に行かせない」と担任に抗議しました。Ｐ子は親の許可のもと学校を休みはじめましたが、数週間たってからＰ子は再び登校するようになりました。ここで考えられるＰ子の問題は、友達と関係を築くことの難しさ、家庭の問題、進学の問題などがあるでしょう。Ｐ子の心はいっぱいいっぱいになり、休むことを必要としていたのかもしれないとも考えられます。

Ｘ子の「主訴」は「人と話せない」ということでした。学校では緘黙の状態で、次第にＸ子は学校を休むようになりました。何も語らなかったX子は、話せない理由を面接の過程で徐々に語るようになりました。そこで、X子が過去にいじめを体験し、外界に対しての信頼感や安全感を失って緘黙になったことがわかりました。いまのクラスにいじめはないし、意地悪な人がいるわけでもないし、よく声をかけてくれる人もいるけど何を答えていいのかわからないとX子は話しました。物理的に安全であっても、心理的な安全感を取り戻すにはさらなる時間が必要でした。X子の問題は、過去のいじめによる外傷体験と両親の離婚による心の傷つきだったと考えられます。

このように「気づいていない」問題は、援助の過程で明らかになることが多くあります。あるいは、援助者の専門性によって、問題解決のための仮説となるところでもあります。主訴から対応するのか、症状から対応するのか、問題から対応するのか、という問題の分析は、解決への道のりを決定する要因になるでしょう。

次に、主訴が変化した経緯を、家族面接記録法 note-system のうちの、system-table を用いて検証します。石川瞭子によると、治療現実、治療関係は、クライアントと援助者がともにつくりあげていて（「現在の子どもの情緒的な問題行動の問題と解決の構図」）、その構図をB.F.keeney がギャラリーという言葉を使って説明しているということです。ギャラリーとは、主訴・症状・問題を定義したり説明したりするクライエントと援助者とその関係する人々をさします。そして、ギャラリーは問題の枠組みをめぐって移動し、問題解消となったときに解散するといいます。この構図を使ってP子、O子、X子の事例の主訴が変化した経緯を整理します。図は石川瞭子「現在の子どもの情緒的な問題行動の問題と解決の構図」から抜粋しました。

図1　O子

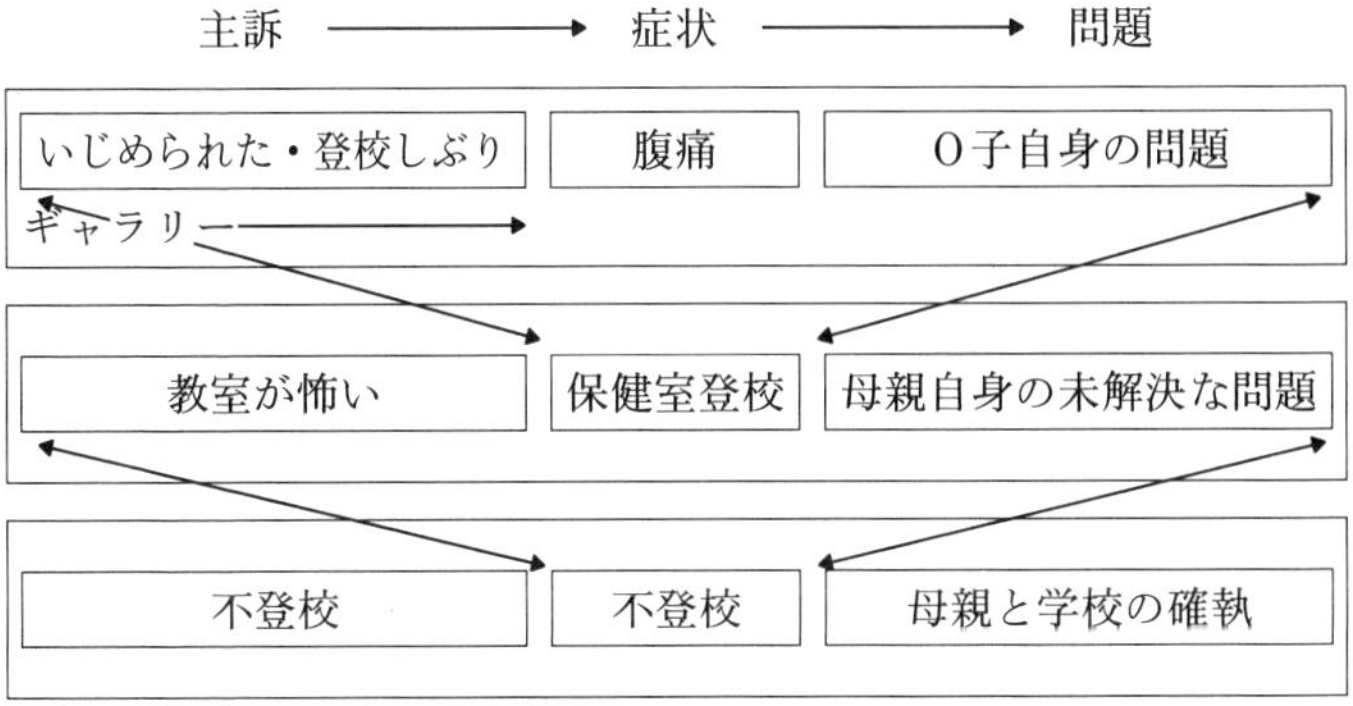

O子の場合、ギャラリーの問題の入り口は「いじめられたゆえの登校しぶり」でした。それから、主訴は「教室が怖い」に変化し、教室に入れない日々が続いたために保健室登校になり、さらに主訴は不登校へと変化しました。O子の登校を願う母親は、クラス替え、班替え、担任の関わり方などを学校側に要求し、学校側もそれに応えようとしました。しかし、O子は「教室が怖い」と訴え、教室に入れない日々が続きました。O子の発達上の課題は、母親からの分離と仲間関係の形成であったとの仮説が考えられます。O子の姉や兄にも登校しぶりの経歴があったという事実は、O子の家庭に母親からの分離の課題があったのではないかという仮説を示唆するものでしょう。したがって、「教室が怖い」という主訴は、O子の叫びだったと考えられます。同級生の児童と遊んだり学んだりすることは、未解決な発達課題をかかえていたO子にとって、非常に苦しく、怖いことだったのではないかと推測されるのです。

　前述の仮説によって、援助の過程で必要だったのは、班替えや席替えではなく、O子の内的な成長を促しながら、O子

図2　P子

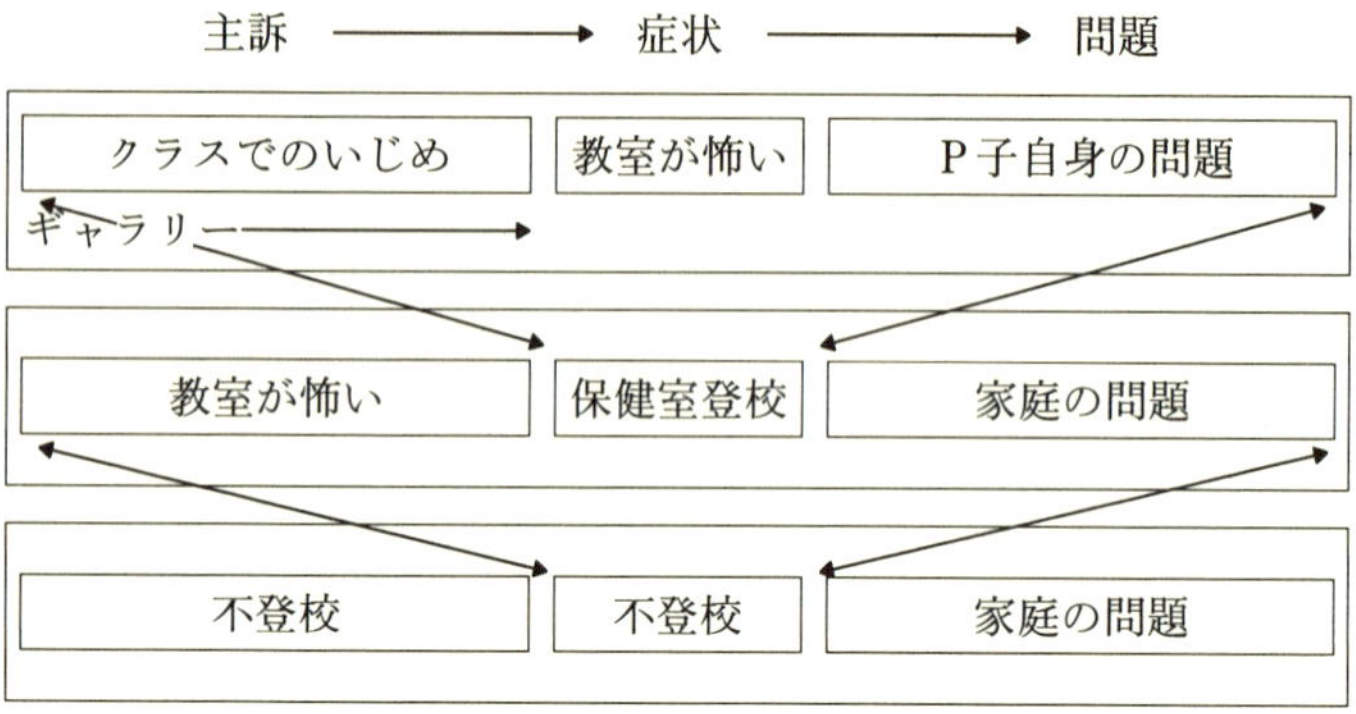

が母親から安心して離れられるように、さらに母親がO子を自立させるような対応ができるように安心感や安全感を体験させるようなはたらきかけだったのかもしれません。主訴を解決するために講じられた母親と学校の対策は、不幸にもO子が求めていることとは逆の方向へと進んでしまいました。関係者は誰もがO子の登校を願って対策を講じましたが、かえってO子親子と学校との間に確執を生んでしまいました。その結果、O子はさらに学校に行きづらくなり、不登校となってしまったのです。最初の「いじめられた」という主訴に対応したがために、O子の「学校が怖い」という叫び、そしてO子のかかえる発達課題上の問題が見過ごされてしまったと考えられなくもないのです。

次に、P子の主訴の経緯を図2に示します。

P子の問題への入り口は、落書きや物隠しなどのクラスでのいやがらせでした。学校をあげてP子への「いじめ」に取り組みましたが、P子への「いじめ」は一向におさまらなかったため、P子の主訴は「教室が怖い」と変化し、保健室登校になりました。いじめ対策の過程で、P子への物隠しや落書きは、P子自身がやったのではないかという疑いがクラス内で生じ、P子はクラスのなかで浮いてしまいます。級友から疑われ、P子は学校に行きづらくなり、休むようになりました。P子から「自分でやったのではないかと疑われている」ことを聞いた両親は、担任と学校を激しく批判し、学校に不信感をいだくようになりました。

P子は「いじめ」を訴えることで、P子自身の問題を訴えたかったのかもしれません。P子の再登校後、P子が小学校のころ、自分の気持ちや考えを表現することが苦手で暗い表情の生徒だったらしいことや、友達がいなくいつも一人でいたこと、P子の両親は激情することが多いこと、両親ともにギャンブル依存症であることなどが明らかになりました。P子の問題は、家庭の問題によるものも要因の一つだったとも推測されます。ギャンブル依存の両親のもとで、ネグレクトに近いような養育環境だったのかもしれません。自分を「いじめられている」という状況に追い込むことで、両親や級友、教員らの注目を集め、学校を休み、一時期であれ、心の平安を得たのかもしれないと推測することもできるでしょう。

最後に、X子の主訴の経緯を図3に示します。

X子のギャラリーの問題への入り口は、「緘黙」で、「過去のいじめ体験から、人が怖くなった」「自分に自信をもちたい」へと移動しました。X子は、学校という場でひどいいじめを受け、人に対する恐怖心、声が出なくなる、夢でいじめの場面が再演されるなどの問題があり、学校で時間を過ごすことが困難な状態になっていきました。X子の主訴は、X子がその段階で表現できるX子自身の問題の訴えであったとも考えられます。X子の事例からは、主訴・症状・問題は切り離せるものではなく、

図3　X子

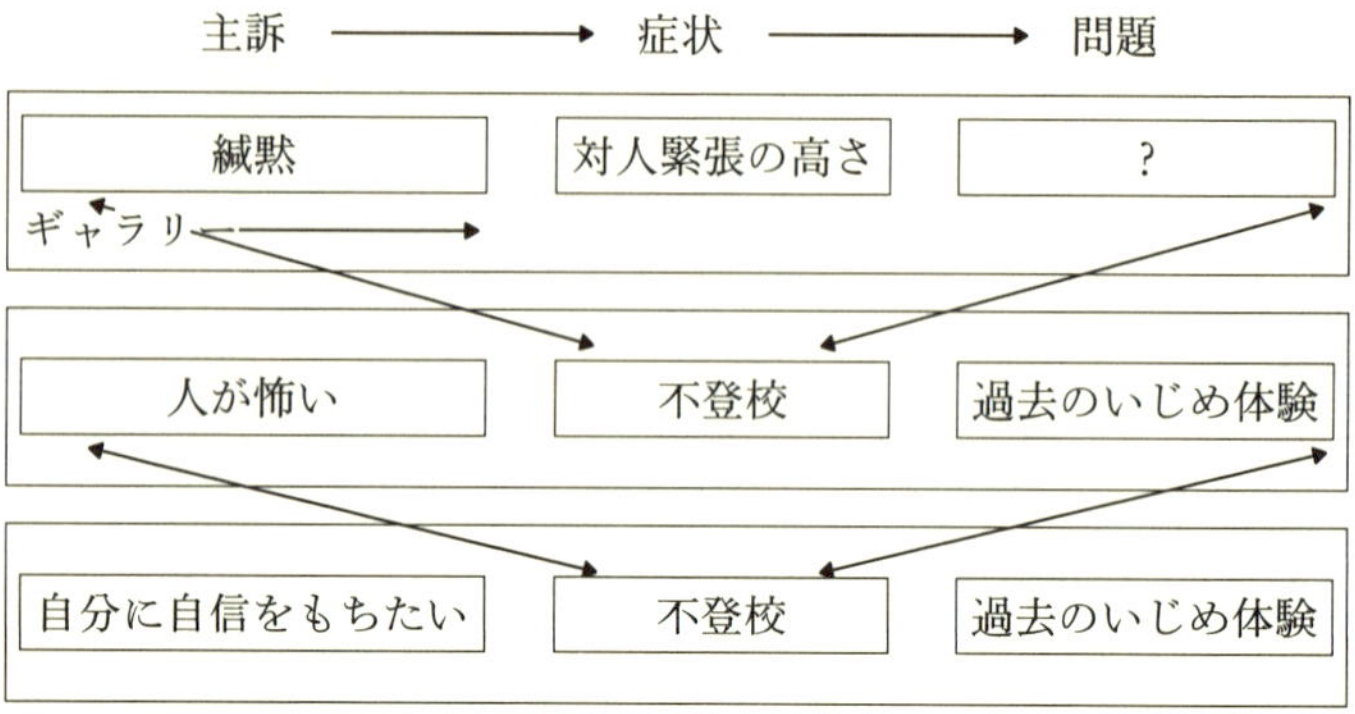

三つの関係性に着目して問題を分析していくことが重要だと示唆されるでしょう。

この三事例は、主訴は不登校でしたが、じつはいじめの問題や個人の発達課題、家族の問題などが複雑に絡み合い、結果として不登校という主訴を構成していました。主訴は当事者にとって、その段階で表現できる自らの存在の訴えだったと考えられます。P子もO子もX子も、自分ではどうにもならない混沌とした状況のなかで、「なんとかしよう」と主訴をギャラリーに持ち込んだのでしょう。つまり、三人とも、なんとかしたいと思うからこそ、三人がかかえる問題を主訴として提示したのではないかと考えられるのです。三人の主訴は三人の叫びでしたが、三人の主訴はまた曖昧でもありました。そのため、主訴を解決するための対策が、かえって主訴の解決を困難にしたのかもしれません。子どもの情緒的な問題行動は、主訴・症状・問題が複雑に絡み合っていて、そこに家庭、学校というシステムや援助者が絡み合います。そのため、問題の分析が困難になり、関係者が懸命な努力をしても、当事者にとってみれば付け焼き刃的な援助になってしまう可能性があることをこれらの事例は示唆しているといえます。

9・3・4　最後に

P子、O子、X子の事例で見てきたように、いじめ問題が不登校という主訴で扱われている可能性があります。三人の事例からわかることは、いじめ問題が主訴を持ち込む人の存在の訴えである可能性があるということです。したがって、主訴を持ち込んだ人の存在を受け止め、慎重に話を聞く必要があるでしょう。子どもの心は、枚岩ではありません。子どもの「言えている」主訴の背景には、「言えていない」あるいは本人にもつかみきれていない「気づいていない」問題が潜んでいることがあります。子どもたちが問題として提示した主訴に耳を傾け、一人ひとりに合った対応を考える必要がありますが、そのためには、主訴・症状・問題を整理し、問題を分析することが必要不可欠といえます。

●参考文献

石川瞭子『不登校と父親の役割』（青弓社ライブラリー）、青弓社、二〇〇〇年
石川瞭子「現在の子どもの情緒的な問題行動の問題と解決の構図――主訴・症状・問題の発生と解消を不登校三事例から分析する」、日本家族心理学会家族心理学研究編集委員会編「家族心理学研究」第十二巻第一号、日本家族心理学会、一九九八年、二七―四〇ページ
石川瞭子「家族療法の記述システム」「臨床心理学」第一巻第四号、金剛出版、二〇〇一年
楠凡之『いじめと児童虐待の臨床教育学』ミネルヴァ書房、二〇〇二年
小谷英文編著『ガイダンスとカウンセリング――指導から自己実現への共同作業へ』北樹出版、一九九三年

小谷英文編『心の安全空間――家庭・地域・学校・社会』(「現代のエスプリ」別冊)、至文堂、二〇〇五年
竹川郁雄『いじめ現象の再検討――日常社会規範と集団の視点』法律文化社、二〇〇六年
文部科学省「平成十七年度学校基本調査」(http://www.gov-online.go.jp/publicity/book/kanpo-shiryo/2006/060712/siry0712.htm#mokuji1)

9・4 まとめ

西岡氏と新井氏は家族相談士と家族心理士という資格をもつ、現職の公的機関の非常勤の援助職員です。私が勤務する大学の相談室を中心として「こころと生活の相談室」を運営しています。中二のV子の両親は援助者から不登校の解決には三年必要と言われて「三年待てない。三年たって戻る保証はない。ならばいまできることをしたい」と、私に面接を申し込んできました。V子は不登校六ヵ月でした。V子も両親もいまの苦しみから解放されたいと懸命な努力をしていましたが、関わった西岡氏と新井氏も負けないくらいに懸命な努力をしました。理由は中三になってしまうと学校復帰が非常に困難になるため、短期間での解決を目指さなければならなかったからです。面接は三ヵ月、両親面接二回、母親面接四回で初期の段階でV子も来所しています。

両親は登校に抵抗するV子に対して「お父さんもお母さんもV子が登校するのが最善の方法だと考えるからあきらめない。でもできることなら君から自発的に登校してほしい。V子が社会に出ていく

ことが親としての責任だと考えている」と繰り返し伝えました。

結果的にV子は登校を開始して面接は終了しました。面接者は母親を支え続けた父親の力に心から拍手を送りました。母親も、もちろんV子もたくましくなりました。そうした家族の発達が不登校の解決の重要な鍵となっていると西岡氏と新井氏は記しています。V子が中学二年生の段階で学校に戻ることができて本当によかったと私は思いました。

次の森氏の報告は、高一のY男の登校しぶりの背景にいじめがあった事例についてのものです。森氏は精神保健福祉士と家族心理士の資格をもち、民間の相談機関に勤めています。森氏は援助開始から間もないときに母親から、登校をさせようとする父親とY男が取っ組み合いをしたが失敗に終わった、という報告を受けます。森氏は驚きましたが、母親に「良いことのはじまり」と返事を送りました。そして未解決のいじめ問題の浮上。父親は「何かあったら父親が守ってやる」とY男に宣言します。その後、兄が独立し単身赴任していた父親が自宅に戻り、急展開でY男の不登校問題は解決します。

この事例の特徴は、父親がY男と取っ組み合いをしたあとに疎遠だった父子関係が修復され、父親も不登校のY男の親であることを真摯に受け止め、いじめ問題とも対決し、家族問題を解決したことです。ぶざまな父親の姿ではあっても母親は父親の本気を知り、父子を励まし続けます。もはやそこには兄にグチをこぼす母親の姿はなく、家族の問題解決に真剣に取り組む親としての姿がありました。それゆえY男は自分の進路を考え、自分の選んだ道を歩みはじめたのです。森氏はそうした家族全員の取り組みを支え励ましました。問題解決は家族にあり、その鉄則を忘れずに支え続けた援助者がそこにいました。

佐藤氏は「主訴・不登校の疑問」という題で三事例を報告しています。佐藤氏は大学教員のかたわら高校のスクールカウンセラーや学生相談室に勤務している臨床心理士です。佐藤氏は「援助の過程で主訴が変化する場面に出会うことがある。多くの子は「困っている」と言えない問題をかかえている。しかし援助者は、「困っている」と子が述べた問題から対処していくことになる。だからこそ援助者は問題を分析し問題の構図を明らかにして対処する必要がある」と述べています。

佐藤氏はいじめの三事例を紹介しながら、主訴・不登校から入ったいじめ問題は、問題を持ち込んだ人の実存の問題を扱うことになる、と報告しています。たしかに主訴・不登校の問題からいじめ問題が語られた場合と、主訴・いじめ問題で扱ういじめ問題はいじめを語るときの子と家族の声の大きさが異なります。主訴・いじめは大声で問題を語ることが多いでしょう。いまや、いじめは社会的急務となっている問題ですから。逆に主訴・不登校からいじめ問題を語る人は、過去にいじめられるなどの経験をしていることが多いようです。その問題の発生場所は私的で個人的な場であることが多く、それゆえ小声で語ることになると思われます。そうした子のなかには実際に病をもつ子もいます。

言うまでもなく、語る声の大きさと問題の大きさは同一ではありません。特にいじめについては小声で語られるときほど深刻な問題が隠れていたりします。小声の訴えは、問題を開示するときにともなうリスクに怯えている証明でもあるでしょう。そうした注意をしたうえで、実存問題として関わることが必要だと佐藤氏は述べています。

三人の援助者の報告を読んでみなさんはどのように思われたでしょうか。西岡氏と新井氏、森氏、佐藤氏の取り組み方の違いは子の性別や年齢、家族や地域の特性からきているもので、総体としての家族を支援する、関係性に介入する、早期解決を志向する、臨機応変に対応する、問題解決の中心は家族であり家族の解決能力を引き出すことが援助の目的、であることは一貫しています。換言すれば生活に介入することで解決を志向するのです。

第10章　わが国の不登校の問題と周辺事情

辻　孝弘

本章では現在の不登校の現状を振り返り、不登校から派生する引きこもり問題に言及し、その底辺に流れる水脈を検討し、今後の不登校の対策を考えていきます。辻孝弘氏は大学の学生相談室などで臨床活動をしている臨床心理士です。

10・1　わが国の不登校の問題と周辺の課題

10・1・1　はじめに

私は、小学生から大学生までの子どもをかかえる家族を対象に相談を受ける仕事をしています。学校に行かない、行きたくても行けない、「不登校」と呼ばれる子どもたちがたくさんいます。その数はいまだ多く、減る様子を見せません。そして、働かない青年、働きたくても働けない青年、自室から外へ出ていくことをはばかる青年や大人たちがたくさんいます。日々、私は不登校の子どもやその家族、担任の先生と顔を合わせ、本人やその周囲の人たちへの必要な援助はなんだろうと考えながら進み、立ち止まり、また進んでは壁にぶつかりながら今日まできました。

ここでは、最初に不登校の現状を概観します。第2節では、この十年の不登校の援助法を振り返り、考えられている援助法の研究を概観します。そして、第3節で、必要と思われる不登校への援助を検討します。第4節は不登校が長期化して青年、成人になった場合の、不登校と引きこもりとの関連を探ります。不登校の援助に関わる方々の勇気づけになればと願います。

10・1・2　不登校の現状

不登校の定義は現在、「何らかの心理的、情緒的、身体的、あるいは社会的要因・背景により、児童生徒が登校しないあるいはしたくともできない状況にあるため年間三十日以上欠席した者のうち、病気や経済的な理由による者を除いたもの」（文部科学省、二〇〇三年）となっています。

不登校児童・生徒の人数は、文部科学省の基本調査によると、二〇〇一年度（平成十三年度）の約十三万八千人強をピークに、二〇〇二年度から〇五年度まで四年連続減少の傾向を見せています。そして〇五年度は約十二万二千人となっています。不登校は改善していると判断していいのでしょうか。二〇〇四年度（平成十六年度）と〇五年度（平成十七年度）の全児童・生徒に占める不登校の比率は、中学生は〇・〇一％減ったものの、小学校では横ばい、全体としての不登校の割合は〇・〇二％増加しています。

一方、少子化傾向はとどまることなく、二〇〇三年に約千二百万人いた学齢期の子どもの数は、二〇二五年には約九十七万人と予測され、約二割減少するといわれています（「一般人口統計」）。したがって、実際の子どもの数が減っているので、安易に不登校の人数を年度で見比べるだけで評価するのは危険です。

10・1・3　不登校の「扱い」の現状

(1)「出席扱い」の実態

一九九二年に当時の文部省は、適応指導教室などで「相談・指導」を受けた日数を「出席扱い」とすることができるように取り決めました。この取り決めの対象となるのは、「教育支援センター（適応指導教室）、教育センター等の学校以外の機関等で相談、指導、治療を受けた不登校児童生徒」のなかの、指導要録上「出席扱い」された子どもたちです。当時の文部省初等中等教育局の学校不適応対策調査研究協力者会議で、「登校拒否はどの子どもにも起こりうる」という認識を明らかにしたことが背景にあります。「出席扱い」の判断を下すのは、あくまで教育委員会や校長の裁量が決め手になります。九八年（平成十年）から二〇〇五年（平成十七年）まで、毎年約一万七千人前後の「出席扱い」の不登校児童・生徒が数字にのぼっています。〇五年度では、従来の「出席扱い」（一万六千九百九人）に加え、「自宅におけるITなどを活用した学習活動を指導要録上出席扱いとした児童生徒数」の項目も合わせると一万七千百五人となります。これはあくまで公式発表なので、暗数は数倍ともいわれます。

さらに、学校に通っている子どもたちのなかでも、実質的に公教育を受けていない、何の指導も受けていない子どもの数が相当数にのぼると考えられます。いわゆる、校内にいても保健室登校や相談室登校にも適応せず、ふらふらと歩き回ったりたむろしたりしている子どもたちです。不登校の対応にあたると、援助過程にこういった校内の保健室や別個に設けた学習室などを利用する児童・生徒が出てきます。しかし、必ずしも目の行き届いた援助がなされているとはかぎりません。石川瞭子は、こうした子どもたちを「校内型不登校」として位置づけ、その増加傾向を危ぶんでいます（『不登校から脱出する方法』）。

(2)「居場所」は増える

フリースクールは全国に百二十カ所以上あります。フリースクールの立場と志向は、基本的に「子どもの教育の場は学校だけではない」という認識を広げていくことにあります。各学校では、民間のフリースクールに通いながらの「出席扱い」が広がってきている実態があります。これは、文部科学省が認めた一定の設備や教育課程を備えた十五団体に限りません。その裁量権はあくまで各学校の校長にあるのです。実際、不登校の子どもは、学校に行っていない現実とフリースクールや適応指導教室（教育支援センター）などの「居場所」にいる現実をどんな気持ちでとらえているのでしょうか。

文部科学省の「不登校に関する実態調査」（二〇〇一年）では、不登校経験をもつ子どもを対象として中学校を卒業した約五年後にアンケートやインタビューをおこないました。千八百人以上の不登校経験者を対象にした大規模な調査です。この調査に回答した人たちは、自らの不登校経験を振り返るのですが、このなかに「他人の見方が気になる」や、「学校へ行きたかったが行けなかった」などの気持ちを約七割の人がいだいていることがわかっています。

「居場所」政策の推進と実質的な居場所の拡大は、学校内外に飛躍的な広がりを見せました。その「居場所」ではどのような不登校支援がおこなわれているのでしょうか。

⑶適応指導教室からの援助

一九九〇年、全国に八十四ヵ所あった適応指導教室（教育支援センター）が、九五年には五百二十四ヵ所となり、二〇〇一年には九百九十一ヵ所、〇五年には千百六十一ヵ所と増え続けています。適応指導教室が不登校の援助の場としてどのように機能するのかは、それぞれの教室の特徴によるのが現状です。それほど、適応指導教室の運営に関する多様な考え方が錯綜し、どのように援助をはたらいているのかわかりにくくなっています。この点を、本間友巳と中川美保子が整理しています。適応指導教室には、援助目標として、学校復帰に重点をおくところと不登校者の社会的自立に重点をおくところがあり、援助方針も、学習適応重視のところと対人適応重視のところに分かれます。また、治療モデルとしても、教育モデル、成長モデル、治療モデルの違いがあります（「不登校児の「内閉論」からみたひきこもり」）。実際は、これらの特徴が複合的に組み合わされたところが多いでしょう。そして現場では、利用者に合わせた援助目標や方針についての情報提示を、スタッフが実践的におこなっているのが現状です。

本間らの調査では、適応指導教室に通うと「おおよその予後は良好」だとしています。そして、適応指導教室での友人関係の良好な体験が、その後、集団に適応することに強く影響を与えていることを示しました。また、「つながる」体験ができる、それを宝物にできると同時に、長期にわたる適応指導教室の滞在は家族や心身の適応には支えとなるが、友達と親しくなっていくことにはかえって弊害となる可能性を示唆しました。つまり、適応指導教室の長期利用が新たな人間関係をつくりにくくするということです。

したがって、適応指導教室を援助の場として利用するときに、どのくらいの利用期間が本人にとって支えとなりうるかを吟味しながらの関わりが必要なことを示唆しているといえます。「居場所」政策の一環として設置された適応指導教室（教育支援センター）が、いつまでも居場所となるならいいのですが、中学三年生までの期限付きという現実があります。

10・1・4　現状が維持されると……

石川瞭子は、佐藤、北沢らの不登校に「積極的生き方」を付与する立場に対して、「不登校の権利は、不就労の権利に置き換えることができるのか」と将来への危惧を示しました。そして、二〇二六年時点の累積不登校経験者数を三百三万人（中位推計）と予測しました。その数は、じつに生産人口（十五―六十四歳）の四・二二％と、四・〇％の完全失業率を上回る可能性があることを指摘しています（「現在の子どもの情緒的な問題行動の問題と解決の構図」）。

苅谷剛彦は、教育改革が準備不足で制度としての力をもてず、結果的に学校現場の教師まかせにしている現状から、先々のねらいを定められない手だてを欠いた理想になっていると指摘しています（『教育改革の幻想』）。つまり「生きる力」が修辞として使われているというのです。さらに、いじめや不登校、学級崩壊に言及して、「子どもたちが二、三十年後、大人になったときにどういう社会をつくるのかという視点がスッポリ抜け落ちて（略）現在の問題に特化しすぎている」と理想と現実との乖離を指摘し、「中央」より現場に根を下ろした改革を提言しています。

いわゆる福祉と心理の目をもつ石川や社会教育学の立場の苅谷らの訴えは、行く末のリアリティを突き付けています。紛れもなく二〇二六年には世界最速最大の高齢化社会を迎える日本では、不登校や不就労に「やさしい」社会がどうなっているかを直視せざるをえないのです。

もちろんオルタナティブ教育の環境を整えるなど再出発のチャンスを用意していくことも重要な使命でしょう。公私にわたるフリースクールや不登校経験者を積極的に受け入れる学校はたしかに増えました。そのなかで元気を取り戻して再スタートできる子もいます。しかし各現場の教師に本音で語ってもらうと、彼らはそうしたゆるやかな支援の場さえ「居場所」にしない児童・生徒に頭を悩ませているか、「やさしく」放置しています。関わりを続けている関係者のほうがはるかに少ないのです。

いずれにせよ、このまま不登校に関して、傍観するだけで見通しをもたずして対策は成り立ちません。「やさしく」現状が否認されていくと、子どもたちは真綿で締め付けられるように足腰が立たなくなってしまいます。社会に出立する段になってから再出発するより、不登校の段階での対策が求められています。

10・2　不登校援助の十年を振り返る

10・2・1　不登校のとらえ方の変遷

もともと、不登校は一九四〇年代にアメリカで「学校恐怖症」と呼んでいたものを日本に輸入して、不登校の原因を子どもの情緒的問題に帰する考え方が広まったのがはじまりです。その後、「登校したいが登校できない」と訴える子どもに対して、葛藤を強化しないよう「あたたかく見守ることが大切」という考え方が生まれました。六〇年代半ばから七〇年代初めにかけて、不登校は各学年層に広がりを見せ、多様な症状群が現れてきました。そして、七〇年代には、学校側の問題が取り沙汰されるようになり、学校に行きたくないという自らの意思によって登校しない「登校拒否」が出現しました。八〇年代は、マスコミによって、いじめ、体罰、校内暴力などが社会問題として取り上げられました。長期欠席率は増加傾向にありながら、不登校問題は子育て論議や教育論議のなかに埋もれていました。九〇年代、「明るい不登校」という、周囲から見れば些細な葛藤で学校を休む、「学校に来ればそれなりに楽しい」子どもが目につきはじめます。それを「学校ぎらい」と呼んでいた文部省は九九年度にはその呼び名を使わなくなりました。

いまや、不登校はクラスに一人の割合にまで増えています。ちなみに二〇〇五年度（平成十七年度）の不登校児童・生徒数の割合は、小学校〇・三二％（三百十七人に一人）、中学校二・七五％（三十六人に一人）、計一・一三％（八十九人に一人）となっています。以前ならば、一人ひとり個別にじっくり取り組むことができた事例も、現在の学校では、不登校の対応に手が足りず、モグラたたきのような状況になっています。

不登校の「質」は、すでに一九八〇年代終わりごろから変容を見せています。

共同体が文化の厚みを失い、学校の聖性が喪失してきたという切り口で戦後社会からの半世紀をとらえた精神科医の滝川一廣は、いまの学校が子どもたちへの「吸引力」を喪失し、不登校が社会的に増加している理由をむしろ必然としています（『「こころ」の本質とは何か』）。

一九五〇年代は現在と同じ三％程度の長期欠席率だったのが次第に減り、逆に進学率が急増しました。七五年に今度は長期欠席率が〇・五％を切って底をついたのを境に、上昇の一途をたどりました。つまりこの半世紀をかけてU字カーブを描いた格好になります。これらの変化は、「進学が当たり前になってしまえば、それは子どもたちにとって能動的・主体的な努力目標、夢ではなくなります」という滝川の言のとおりでしょう。「共同体験」が学校外で成り立たなくなったのを学校内で一手に引き受けられるわけがないからです。その意味では、「学級崩壊」も「必然」となります。

また、不登校の切り口としていわゆる自立をめぐる論があります。たとえば、不登校や引きこもりを生じさせやすい鍵が知的職業に従事する人たちの「自立」を目指す考え方自体に潜んでいる、としたのは高塚雄介です。親世代の自立強迫的な子育ての風潮が不登校や引きこもりを助長しているとする批判です。子どもたちは自立できないことへの恐れをもってしまうといいます（『ひきこもる心理とじこもる理由』）。反対に、石川瞭子は子どもの「自立」は社会的要請であり、親の義務だとします。不登校や「不就労」をわれわれはいつまで保証できるのかと危惧し、そうした許容的態度を「時代の気分」とし「やさしさの共同幻想」からの脱出を提言しています（『不登校と父親の役割』『不登校から脱出する方法』）。両者に共通する対応は大人が現状に気づいて変わっていく必要性を謳っているところです。

しかしながら、十年前とは子ども自身の様子が変わってきたことを指摘する向きもあります。山中康裕は、従来の不登校児は世界とつながる「窓（ゲームやアニメ、釣りなど）」があり、そこから援助者との関係をもてたが、最近、その「窓」が見えにくくなってきたと不登校児の質的変化を指摘しています（「不登校児の「内閉論」からみたひきこもり」）。たしかに、アニメやゲームの世界はいまでも子どもたちを魅了している世界と自分との「媒介」ですが、ことに人との関わりについては「媒介（つながり）」たりえていない感は拭えません。もしかしたらこうした現象が、現在の不登校をとらえにくくしているのかもしれません。

10・2・2「どの子にも起こりうる」不登校援助の理解

不登校が「どの子にも起こりうる」という文部科学省の報告は、不登校が特異な現象ではなくなったことを宣言しました。同時に、「登校への促しは状況を悪化してしまうこともある」という趣旨を表層的に受け取り、精神科医やカウンセラーまでもが「登校刺激は禁忌」という雰囲気を促し、一様に登校刺激を排した援助方法に傾き、親・教師をはじめとした援助者たちにも援助の方向性を失わせた感は否めません。

教師が「問題の子」をすぐにカウンセラーや外部機関に「投げる」。あるいは登校していれば教育を受けさせずに校内で放置してしまう。教育相談センターなどの外部機関の相談員につながれば統計上に不登校数があがり、「問題の子」が増えます。子どもの生活範囲のなかでそれぞれの大人が少しずつ子どもを援助する環境が整わないため、支えられない子どもはいつのまにか「問題の子」として掲げられ続け、かえって「どの子にも起こりうる」環境を人為的につくってきた場合が少なくありません。とはいえ、もとより問題として扱うこと自体を否定しているのではありません。不登校の子が大人と中途半端な関わりしかもたずに、たらい回しや囲い込みが繰り返されてはいないかという危惧を私はしています。

知人の元教師は、「われわれ教師は教える専門家なんです。〝国語で不登校対策〟、〝算数で不登校対策〟ということが、あってもいいのではないか」と話していました。この言葉は、子どもの支援に関して誰が何を支えるのかという混乱しがちな役割分担に示唆を与えてくれます。教師は、カウンセリングで不登校を援助するのではなく、授業のなかで児童・生徒の心をいかにつかむかが大切なのではないでしょうか。「心を専門」とする援助者らが、教師の役割に割り込んで、効果を上げつつある登校刺激をも手控えさせてきた傾向も否めません。「見守り」という名の放置になっていないかを検討する視点が必要です。その視点を失った事態が、石川が言う「やさしさの虐待」にあたります。「どの子にも起こりうる」ではなく、これは「どの大人にも起こりうる」放置です。「どの子にも起こりうる」というと、まるで不登校の子どもをなんとか変化させなければならないように聞こえます。しかし、「どの子にも起こりにくい環境」をわれわれ大人がつくっていくことが大切です。そうしてはじめて大人の側から具体的援助策がイメージできると思うからです。

10・2・3　不登校援助法の研究

(1)どのような援助が考えられてきたか

ここでは、不登校の援助をどのように進めていくかを考えたときに、その見通しや地図となってくれる大まかな援助方針を紹介します。

不登校援助は、本人を「サナギ」や「鎖国」のように見立てて、「外界の脅威から自我を守りつつ彼らのアイデンティティを醸成する」(「不登校児の「内閉論」からみたひきこもり」)方法などが考えられてきました。

十年前ほど前、小林正幸らは、不登校は程度の差こそあれ「時間軸に沿って一様に改善していく」ことを明らかにしています。不登校の援助として、不登校の前期は「学校との関係を調整」したり、「段階的に登校を促す」ことなど『再登校志向の介入』が有効であり、後期では、「課題直面の介入」が有効であることを明らかにしました（「不登校事例の改善に関する研究」）。本人へのはたらきかけとしては、次第に元気になってきたところでその課題へ接近していくようなアプローチです。不登校援助の前後期を通じて、「対人関係促進」が有効な援助であることも示しました。

また、不登校の子どもとの関わりの経験が多い教師ほど、子どもが教師に近づいてくる行動を不登校の前兆として理解できることも明らかにしました。いずれにしても、神経症症状を示すような状態では、いまを容認するような介入、そして状態が快方に向かったら現実へ直面してそれを乗り越えることが、どの不登校の解決にも重要になるということを示唆しました。

不登校を時期ごとに分けた高橋良臣は、大まかに「前駆期」「うつ的混乱期」「マイナス安定期」「回復混乱期」「回復安定期」の五段階を挙げています。そのうえで、回復期に起こる混乱（過剰適応など）に大人があまり引っぱられすぎず、余裕をもって対応する必要を説いています（「回復期の子どものこころと援助」）。また小澤美代子は、不登校の時期を「前兆期」「初期」「中期」「後期」と分け、それぞれの援助の目的を「孤立を緩和」「安定させる」「エネルギーをためさせる」「活動への援助」としています（『上手な登校刺激の与え方』）。不登校を不安定期から膠着するか安定するかの時期を通り、次第に社会復帰のためにいろいろと試行する回復期を迎え、実際の自立に向けて活動期に入るという見通しでおこなわれる援助です。高橋も小澤も基本的に子どもへの非難や強制をなくし、援助者は受容・共感的な姿勢の必要性を説いています。

藤岡孝志は学校内の教育相談の機能を、①システムとして機能する、②安心感を提供する、③知恵を出し合う、④課題解決する、という四つの側面で説明しています（「学校の教育相談体制をどうととのえるか」『不登校臨床の心理学』）。④の課題解決では、「学校無刺激」「学校関心刺激」「学校刺激」「登校刺激」という四つの「刺激」を順番に、機械的でなく子どもの状態に合わせながら援助することを推奨しています。また藤岡は、援助モデルとして段階的に対応していく過程を重視しながら、心理臨床モデルに基づく「癒しモデル」の必要性を説いています。「癒しモデル」は、「明るい不登校」など不登校の背後に心理的外傷による「乖離」が潜んでいるという視点です。重篤なものでなくても、学校に行きたいと思えば思うほど体は行けなくなるという無意識の作用を「ソフトな乖離」として読み解くのです。その観点から、学校と家でまったく別人のような自分を統合していく、傷を癒していく援助です。

小林正幸は、不登校を行動科学の視点から考察し、不登校による弊害を「生活空間の狭まり」とし、不登校の初期段階から「生活空間を狭めない」ことを勧めています（『先生のための不登校の予防と再登校援助』）。つまり、不登校の援助方法の一つとして「生活空間の拡大」をねらい、「脅かさないこと」「不安を強めないこと」を留意点としています。援助の視点を、その行為が「子ども自身がどのように感じているか」を常に考慮しながらの援助においた提案をしています。

田嶌誠一は「不登校・引きこもり生徒への家庭訪問の実際と留意点」で、不登校や引きこもりの子どもへの心理的援助モデルとして、「ネットワーキング（NW）による援助→（状態の安定）→目標の共有→自助努力・工夫を引き出す」というプロセスを紹介しています。「つながり（=ネットワークの活用）」と「主体の体験様式」という二つのキーワードで、家庭訪問や訪問面接の際の関わり方を細やかに説明しています。また、ネットワークの活用方法を、「全員一丸方式」「機能分担方式」「並行働きかけ方式」の三つ挙げています（「密室カウンセリングよ　どこへ行く」）。その際に、本来、環境調整といわれた「動きながら考える」（あるいは動く→考える→動く）という姿勢を提案しています。この考え方は、単に方略なく「見守る」関わりが膠着しがちな傾向を乗り越えています。

(2)援助法のまとめ

前述したように、一九九〇年代は「登校刺激は禁忌」という風潮が強い時代でした。「ではどうしたらいいのか」という親や教師の問いに対して小林は、不登校の援助が時期や状態によって、介入の種類と強度が異なることをデータで示しました。それは、具体的な援助法の示唆を与えるものでした。

しかしながら、小林は援助者のカウンセリングおよびその技法について「カウンセリングの出来、不出来を左右するのも、技法以上に、自分らしさであるような気もする」とも述べています。小林は基本的に行動療法の技法を用いて援助法を「できるだけマニュアル化」して提示していますが、哲学もなくただマニュアルの後追いで技法を使うことに警鐘を鳴らし、どの技法をどう選択するかという援助者の「自分らしさ」において技法が支えられるべきだとも提言しています。

藤岡の考え方は、基本的に治療的な視点をモデルとしたもので、不登校の子どもの「怠け」でなく

「苦しみ」に注意を向けた考え方だと思います。子どもの内面をより「緩める」ことに焦点を当てるため、全体のデザインよりいまの安心感を得られることへの大事さが語られています。

田嶌は、「つながり」を重視した援助モデルを提唱しています。これは、不登校の子ども本人の性格や病理に目を向けがちな傾向からの脱却にも見えます。大切なのは「個人と個人の相互作用のありようの問題」と、あくまで「つながり」のなかの体験に重きをおくことで、援助にみんなで関わる方向づけを目指しています。これまで学校臨床において心理的援助は、「じっと待つ」ことに重きをおきすぎるなど、見守ることが表層的にとられてきた側面がありました。これに対して田嶌の考え方は、「動きながらの援助」の傍証を固める役割があると思います。

10・2・4　振り返りと私論

この十年の不登校支援を振り返れば、私たちは「援助という刺激の正否」という状態に踊らされてきたといえます。方法論としての「見守る」「登校刺激」の作用とその揺り返しの繰り返しでもありました。大局観で見れば、不登校だけを取り上げて騒ぐことはないというとらえ方もあります。しかし援助の実際は、援助者も一度家の中に入ってみて実態にふれながら試行錯誤していくので、大局観だけでは成り立ちません。しかし、不登校援助の現場で「見守る」対応だけでは、それほど実効力をもてなくなってきているのも事実です。

これらの援助法を眺めてみると、どの説をとっても共通しているのは「子どもの立場・状態に立って」おこなう姿勢です。この姿勢は至極当たり前のことですが、現場では、援助過程が困難になればなるほど忘れがちであり、重要性を帯びてくる原則といっていいでしょう。その意味での原則は共通しているので、結果としての援助の仕方にあれこれ是非を問うことはあまり意味がないことかもしれません。

しかし、それを具体的な行動を示さなければならない現場で主張し続けることはできません。「心は複雑に、行動はシンプルに」という言葉がありますが、精神科医の神田橋條治がときに話すことです。援助者が「私はこれこれこういう方法でやろうと思いますが、いかがでしょうか？」というふうに具体案を出しながら並んで歩く姿勢が独自の方法をつくっていくのだと思います。

援助法は常に進化していますし、子どもの状態によってプランを組み替え、ときにはプラン自体をやめることもよくあることです。常に動いたり考えたりし続けた結果として、援助法は多様に立ち現れてくるものだと思います。「多様」という言葉が援助者の詭弁に使われないよう注意が必要です。不登校の援助は学校関係者だけで扱うものでもなく、一部の研究者の論でもありません。不登校の状態にある子どもと接する大人それぞれの責任において実践する課題なのです。

10・3　不登校援助の検討

10・3・1　不登校に関する実態調査から

先の、文部科学省の「不登校に関する実態調査――平成五年度不登校生と追跡調査報告書」（二〇〇一年）から得られた結果についてもう少し見てみましょう。この調査は、不登校生徒の卒業後の進路状況について、アンケートやインタビューを通して追跡調査をおこなったものです。

追跡調査では、「中学校卒業後の進路の決定要因」「進路決定の際に期待する援助」「壁を乗り越えるときに助けになったこと」「現在の状況について」「現在の生活に対する満足度」に関して聞いています。その回答は、進路選択にあたって親身に相談にのってほしいという者が非常に多く、実際に壁を乗り越える際に助けになったこととしては、ほとんどが〝人との関わり〟を挙げました。このことから、人間関係づくりを主眼においた援助が望ましいことがわかります。前述の援助の介入として不登校前後期ともに「対人関係促進」の関わりが効果的であることと重なり合っています。

しかし、同調査では、不登校の経験を三六％の人が「後悔して」いて、半数以上が「生活リズムの崩れ」「知識不足」「人間関係に不安」によって苦労していたことも判明しました。そして、不登校時の支援を六六％の人が「あればいい」と求めています。

また、小林は、この調査の「ある年度の欠席日数は、前段階の欠席日数と高い相関がある。しかし、その一段階前の欠席日数との相関がない」結果から、「不登校の問題は維持されやすく、状況依存的である」と指摘しました。つまり、引きこもり状態にある子は、引きこもったことで状態を継続しやすくなるということです。この傾向は個人差に関係なく起こる現象です。

ここで浮かび上がってくる問題は、「居場所」機関の見通しのなさです。各居場所機関のスタッフの何度となく「どうしたらいいのでしょう」という言葉を耳にしました。不登校援助のために「居場所」を提供したはいいが、同時に「居場所」から出ていくための援助も求められているというジレンマに対する困惑です。

10・3・2　不登校援助の方向性

二〇〇一年（平成十三年）に不登校の児童・生徒数がピークに達して、折り返した二〇〇二年（平成十四年）。文部科学省の発表を受けて、不登校状態の児童・生徒のうち二五・五％が年度内に保健室登校も含めて登校できるようになったというデータがでました（「産経新聞」二〇〇三年十二月二十日付）。「登校するようになった児童生徒への指導にあたって特に効果のあった措置」は、小・中ともに「家庭訪問を行い学業や生活面での相談にのるなど様々な指導・援助を行った」「登校を促すため、電話をかけたり迎えに行くなどした」という家庭への対応が毎年上位を占めています。

しかし、これらの援助は再登校というある意味での終着点を目指してのことで、再登校後の生活をどのように支援していくか、再登校後に何を目指すのかが不明確です。不登校の解決において、どのような方向性をもって援助するかは、経過や結果に大きな影響をもたらします。

ある学校巡回カウンセラーは、再登校を促すには「友人関係」と「将来目標」が援助の重要な要因であるとしています。友人関係を育んで将来の目標をイメージできるようになることが再登校につながることはよくわかります。しかし、再登校後の生活イメージがつくられていないと不登校の再発は容易に起こります。

石川瞭子は、不登校の援助の目的を「「再登校」という結果のみではなく、それを家族間、子どもと教師や学校の間の関係の構築」としています（『不登校から脱出する方法』）。これは、冒頭に述べたように、不登校自体を問題にして関わることよりも、その背景に潜む対人関係、「つながり」の問題の解決に関連します。

文部科学省をはじめ、小林、小澤などは再登校という目に見える援助の方向性を示しています。石川は再登校の背景にある関係の再構築を、田嶌は本人が「元気になる」ための「つながり」と「体験過程」を重視しています。特に石川の援助の方向性は父親の登場を前面に出していて、きわめて具体的です。生活全体からの援助を掲げ、父親が援助の中心を担います。現実の不登校援助は父親の存在が見えず、孤軍奮闘している母親と熱心な相談担当者ばかりだからというのです。父親の重要性は以前から指摘されていますが、手だてが抽象的なために実効性がないものばかりでした。それを石川は、父親が解決の中心を担う援助を「第二の出産」として、短期に解決する方法を具体的に提示しています。

10・4　不登校以後

10・4・1　引きこもりと不登校

不登校と引きこもりはけっして同義ではありません。しかし、不登校が長期化する事例のなかには、引きこもりに発展する場合が見られます。ここでは、不登校と引きこもりの関連を示します。

一九九一年に厚生省は「ひきこもり・不登校児童福祉対策モデル事業」をつくり、初めて公的に引きこもりに対して対策を講じました。引きこもりの定義は、二〇〇三年（平成十五年）の厚生労働省による「十代・二十代を中心とした「ひきこもり」をめぐる地域精神保健活動のガイドライン」によれば、「さまざまな要因によって社会的な参加の場面がせばまり、就労や就学などの自宅以外での生活の場が長期にわたって失われている状態」です。

斎藤環による引きこもりの定義は、「二十代後半まで問題化し、六ヶ月以上、自宅にひきこもって社会参加しない状態が持続していて、ほかの精神障害がその第一の原因とは考えにくいもの」となっています（『「ひきこもり」救出マニュアル』）。斎藤の調査によれば、引きこもり事例の八六％に三カ月以上の不登校経験が認められ、不登校と引きこもりとの連続関係を推定しています。また、不登校と引きこもりは「どのような家庭のどのような子にも起こりうる」点でも共通していることを指摘しています。そして、先の「不登校の実態調査」に基づいて、不登校の子どものうち「一五～二〇％引きこもる」推定を関連づけて考えると、「引きこもり事例数もまた、今後も増加の一途をたどる」と結論づけています（『ひきこもり文化論』）。

厚生労働省の「「ひきこもり」対応ガイドライン（最終版）」では、義務教育年齢での不登校経験者は、引きこもりの全事例のなかの三三・五％で、小学校から大学までの「不登校経験」を含めると六一・四％にのぼることが明らかになりました（二〇〇三年）。しかも、「教育機関の段階が上がるほど欠損値が増えている上での結果」と断り書きがあるだけに、実態の数値はさらに上回ると思われます。

文部科学省は、「不登校から必ず「引きこもり」状態になると誤解してはならない」としながらも、「不登校の深刻化からその後長期にわたる「引きこもり」につながるケースもあり、「引きこもり」を防止する観点からも、不登校への早期の適切な対応は重要であり、また、社会全体で不登校に関する課題に取り組む意義は大きい」とその関連に危機意識をもっています。今後さらに、不登校と引きこもりの関連についての検討が必要になってくるでしょう。

10・4・2 自己否定の物語

引きこもりが問題であることの理由として、斎藤は「世俗的価値観を内面化し、それゆえに引きこもる自分を自己批判し続ける」ことを挙げています。「自己批判の回路こそが、引きこもりの悪循環をもたらす大きな要因の一つ」だともしています。

これは、『不登校は終わらない』という著書のなかで貴戸理恵が不登校経験者（平均年齢二十五・八歳）へのインタビューを分析したものとも関連していて興味をひきます。貴戸はその「語り手」たちは「高い学歴の取得や学校経験そのものが〈当事者〉を、不登校経験に対して否定的にさせる契機となっていることは重要である」としています。

また、現在の状況が望ましいものでない場合、不登校経験に対して「受け入れがたい」ことも指摘しています。この不登校経験者は、「過去」を物語ることができる人が「語り手」となっていますが、斎藤の場合は、「現在」の引きこもりの「自己批判の回路」が語られています。ここで注目したいのは、不登校経験者にとって「過去」を物語っている否定感は、過去で完了されたものではなく、「いま」のものだということです。引きこもりである本人が、他者からの「良い・悪い」価値評価の矢面に立たされ続け、しまいに自分自身による酷評によって自らをむしばむ「内紛」が起きているのでしょう。ここに不登校経験や引きこもりによる自己否定の作用が見えてきます。

10・4・3　「成熟」と援助者の構え

引きこもりの援助に関して、斎藤は「成熟」の視点を提案しています。引きこもりの場合、特に心とからだのズレが大きな思春期が問題となるため、「その行動が成熟したものであるか」という尺度は援助するうえでの重要なものさしとなるはずです。また、「成熟」に「情緒的交流」の能力と「待つ」能力の二つの指標をおき、現代のよいお手本やモデルが喪失した状況下で、目的を失った人々が「交流」しながら「待つ」ことの意味を示唆しています。これは、増井武士が『不登校児から見た世界』のなかで表現している「かたつむり」が、かたつむりらしく動きやすくするための要件」を連想させます。つまり、子どもがその子らしく生きるための姿勢（構え）を伝えているのです。じつは、この交流しながら待つことは、同時に大人の姿勢としてあるべきものなのです。

10・5　最後に

学校に行かなくなることは、当事者を含む渦中の人たちにとっては負の体験です。不登校の状態になることは、本人や家族にとってつらくしんどい体験です。一見明るく不登校しているように見えても、じつは根深いつらさに耐えるために明るくせざるをえない子がいることも珍しくありません。不登校が「貴重な体験だった」と思えるのは、本人が納得した再登校をするか、進路や居場所を自ら開拓できたあとに振り返ってみてのことでしょう。「苦しさがわかられてたまるか」と当事者たちに怒られるかもしれません。そのとおりで、われわれ援助者にはわからないのです。だから心が痛みます。しかし、その「痛み」を自覚してやりとりしていくことが、創造的変革に寄与すると信じてもいます。

不登校の子どもをもつ関係者の方が本書をお読みになっていると思います。ぜひ、あきらめず、専門・非専門家にかかわらず、よき援助者と出会えることを祈っています。

●参考文献

石川瞭子『不登校と父親の役割』（青弓社ライブラリー）、青弓社、二〇〇〇年
石川瞭子『不登校から脱出する方法』青弓社、二〇〇二年
石川瞭子「不登校の社会福祉学的研究――不登校問題の理解の多様化と混迷をめぐって」（博士論文）、日本社会事業大学、一九九九年
鵜養美昭「教師へのコンサルテーション活動の現状と課題」、「精神療法」編集委員会「精神療法」第二十二巻第四号、金剛出版、一九九六年、三八一―三八八ページ
太田聰一「若年無業の決定要因――都道府県別データを用いた分析」、『H17青少年の就労に関する研究調査』内閣府政策統括官（共生社会政策担当）
小澤美代子『上手な登校刺激の与え方――先生や家庭の適切な登校刺激が不登校の回復を早めます！』ほんの森出版、二〇〇三年
苅谷剛彦『教育改革の幻想』（ちくま新書）、筑摩書房、二〇〇二年
河合隼雄『大人になることのむずかしさ――青年期の問題』（子どもと教育）、岩波書店、一九九六年
貴戸理恵『不登校は終わらない――「選択」の物語から〈当事者〉の語りへ』新曜社、二〇〇四年
小杉礼子編『フリーターとニート』勁草書房、二〇〇五年
小林正幸『先生のための不登校の予防と再登校援助――コーピング・スキルで耐性と社会性を育てる』ほんの森出版、二〇〇二年

小林正幸『事例に学ぶ不登校の子への援助の実際』金子書房、二〇〇四年
小林正幸／田中陽子／神村栄一「不登校事例の改善に関する研究――登校行動改善の規定要因」、日本カウンセリング学会編「カウンセリング研究」第二十八巻第二号、日本カウンセリング学会、一九九五年、一三一―一四二ページ
斎藤環『「ひきこもり」救出マニュアル』PHP研究所、二〇〇二年
斎藤環『ひきこもり文化論』紀伊國屋書店、二〇〇三年
鈴木聡志／小林正幸「半記述的チェックリスト法および多変量解析法による思春期登校拒否事例に関する研究二――類型化の試み（資料）」、日本カウンセリング学会編「カウンセリング研究」第二十四巻第二号、日本カウンセリング学会、一九九一年、一二八―一三七ページ
高塚雄介『ひきこもる心理とじこもる理由――自立社会の落とし穴』学陽書房、二〇〇二年
高橋良臣「回復期の子どものこころと援助」、学校教育相談研究所編「月刊学校教育相談」第八巻第九号、学事出版、一九九四年、六―一一ページ
滝川一廣『「こころ」の本質とは何か――統合失調症・自閉症・不登校のふしぎ』（ちくま新書、「シリーズ・人間学」5）、筑摩書房、二〇〇四年
滝川一廣「不登校理解の基礎」「臨床心理学」第五巻第一号、金剛出版、二〇〇五年、一五―二一ページ
田嶌誠一「密室カウンセリングよ　どこへ行く」、教育と医学の会編「教育と医学」第四十三巻第五号、一九九五年、慶應義塾大学出版会、二六―三三ページ
田嶌誠一「不登校・引きこもり生徒への家庭訪問の実際と留意点」「臨床心理学」第一巻第二号、二〇〇一年、金剛出版、二〇二―二一四ページ
田嶌誠一「不登校の心理臨床の基本的視点――密室型心理援助からネットワーク活用型心理援助へ」「臨床心理学」第五巻第一号、金剛出版、二〇〇五年
筒井千恵／仙波圭子／大野由美子「不登校児例に対する教師の前兆行動の把握と対応に関する研究」、日本カウ

ンセリング学会編「カウンセリング研究」第三十一巻第二号、日本カウンセリング学会、一九九八年、一一七―一二五ページ
鳥居徹也『フリーター・ニートになる前に読む本』三笠書房、二〇〇五年
藤岡孝志『不登校臨床の心理学』誠信書房、二〇〇五年
藤岡孝志「学校の教育相談体制をどうととのえるか」「児童心理」第五十巻第十八号、金子書房、一九九六年、九九―一〇四ページ
フランク・W・パトナム『解離――若年期における病理と治療』中井久夫訳、みすず書房、二〇〇一年
本田由紀「無業者の経歴と現状」、『H17青少年の就労に関する研究調査』内閣府政策統括官（共生社会生活担当）、二〇〇五年、「青少年育成」（http://www8.cao.go.jp/youth/kenkyu/shurou/shurou.html）で全文を読むことができる。
増井武士『不登校児から見た世界――共に歩む人々のために』（有斐閣選書）、有斐閣、二〇〇二年
丸山俊「増加する中高年のフリーター――少子化の隠れた一因に」、UFJ総合研究所（二〇〇五年アクセス）、二〇〇五年、「三菱UFJリサーチ&コンサルティング」（http://www.murc.jp/report/research/index.html）で全文を読むことができる。
文部科学省「今後の不登校への対応の在り方について（報告）」、「不登校問題に関する調査研究協力者会議」（答申）、二〇〇三年（http://www.mext.go.jp/b_menu/shingi/chousa/shotou/022/index.htm）
本間友巳／中川美保子「不登校児童生徒の予後とその規定要因――適応指導教室通室者のフォローアップ」、日本カウンセリング学会編「カウンセリング研究」第三十巻第二号、日本カウンセリング学会、一九九七年、一四二―一五〇ページ
山中康裕「不登校児の「内閉論」からみたひきこもり」、「精神療法」編集委員会「精神療法」第二十六巻第六号、金剛出版、二〇〇〇年、五五七―五六三ページ
『不登校に関する実態調査――平成五年度不登校生徒追跡調査報告書』現代教育研究会、二〇〇一年

「一般人口統計——人口統計資料集（二〇〇五年版）」「国立社会保障・人口問題研究所」(http://www.ipss.go.jp/syoushika/tohkei/Popular/Popular2005.asp?chap=2&title1=%87U%81D%94N%97%EE%95%CA%90l%8C%FB)

文部科学省「基本調査」(http://www.mext.go.jp/b_menu/toukei/001/04073001/pdf/sanzu04.pdf)

第11章　全体のまとめ

辻孝弘氏は不登校問題の社会心理学的観点から問題を総点検してくれました。私の博士論文で述べた不登校関係資料の追加分を調べ、独自の視点で分析を加えています。しかも不登校問題から派生する引きこもり問題まで言及し、不登校に代表される現代の教育問題への普遍的問いかけをしています。貴重な資料ですから読者もぜひ参考にしてください。

さて、私は辻氏の論述に追加したいことがあります。以下に述べて最後のまとめとします。少し堅苦しい内容ですが、この部分もぜひ読んでください。

本書では十五歳から二十歳までの五年間を中心とした不登校を解決する条件を述べてきましたが、いよいよ紙幅の関係から締めくくらなければなりません。私の意図したことが十分に読者に伝わったでしょうか。以下は繰り返しの部分があろうかと思いますが、本書の目的として重要と思える部分を補足し、これをもって締めくくりたいと思います。

11・1　生活障害は社会によってつくられる

学校生活や家庭生活のしにくさは、論を待つ必要もないほど周知の事実です。スーパーサイエンス・ハイスクールに代表されるエリート校の進出や能力主義の教育制度などの邁進によって、わが国は今後さらに高学歴化を突き進むことになるでしょう。一方、離婚の増大や家庭内別居、児童虐待、介護問題などの家庭生活をめぐる状況はきわめて深刻な情勢にあり、介護自殺や過労死、虐待問題の深刻化も避けられそうにありません。もしわが国の社会が現状のまま変わらないとしたら、不登校の発生のもとになる生活問題が今後も深刻化し続ける可能性が十分にあるでしょう。したがって、辻氏も述べているように、私も不登校や引きこもりは今後、拡大こそすれ減少することはないと思います。

しかしここに教示もあります。もし社会に不登校などの生活障害をつくっていく要素があるのなら、社会が変われば生活障害もなくなる可能性があるということです。学校生活と家庭生活を支える、要は大人社会です。つまり子どもの生活環境の中心である大人、教師や親が変わることで環境を変化させることは可能なのです。変化の対象は子ではなく、子の社会環境である大人にあります。大人が不登校を発生させないと決意し、大人としての責任を果たせば不登校をなくせる可能性があるのです。たやすいことではありませんが、やってみる価値はあります。

11・2　体験としての不登校の意味づけ

ここでV子とX男の事例の父親の奮闘を思い出してください。二人は登校させようとする父親に抵抗し反発します。V子もX男も相当な抵抗を示します。援助者は心配しますが、逆に母親たちはやっと父親が本気になって子に対峙してくれたと喜びます。じつはV子とX男の父親の努力はあまりうまくいきませんでした。むしろぶざまな格好を子に見せただけ、という側面さえあります。しかし確実に子はちょうどA男たちのように変化していきます。

ここで誤解してほしくないのは、子を強引に引っ張って登校させることを私が奨励しているわけではないという点です。どうかその点を理解してください。特に暴力は言葉を含めてけっしてしないでください。それらは虐待と称される行為だからです。

しかしながら、中途半端な態度で子は動かないのも事実です。それは父親が中途半端な態度でしか不登校問題に関わってこなかったという経緯が多いからです。だから子は父親の本気を見たい、感じたいと熱望しています。いみじくもC男が述べているように「親が真剣に愛をもって僕と向かい合ってくれた。恥じらいも捨てて心の言葉をぶつけてくれた」という、この体験を子は欲しているのです。父親の行動が子を変えるのです。

ちなみに父親の中途半端な態度は、子にとって自分は見捨てられるに値する存在だというメッセージを与えてしまうことがあります。社会に出るに値しない存在だから父親が真剣に取り組まない、と子が思ってしまうことがあるのです。ですから父親がぶざまな格好を見せてでも、子のために行動をしたときに、子は父親から承認されたと思うのでしょう。自分は価値ある人間なのだ、という気持ちになるのです。特にいじめなどにあっていて自尊感情が低くなっている子にとって、それは何よりも勇気となります。父親から価値ある人間なのだという意味づけを付与された子が、体験としての不登校をちょうどC男のように社会的有利に価値変換できるのです。

11・3　家族回復と不登校解決

だいぶ前になりますが、鈴木浩二が不登校は家族の救助信号だと述べていました。その著書以後、不登校と家族発達の関係性は多くの臨床家によって論証されてきました。私は家族療法家でもありますので、家族心理学的な発達と不登校解決は相関性があると思っています。家族の回復を願う子は不登校という社会的問題を家族に提示して社会資源と結び付けることがあります。本書では二十三事例を紹介しましたが、そのほとんどは家族回復が解決に結び付いています。家族回復はなぜ不登校の子の解決の動因になるのでしょうか。ここで検討してみましょう。

ちょうど佐藤量子氏がO子、P子、X子の事例で述べているように、それぞれの主訴や症状は異なるものの、基底に観察される問題は家庭の問題です。子がスクールカウンセラーに話せる問題は、学校という場でもあることからいじめを代表とする教育問題ですが、子の「言えない問題」を見ていくと、それぞれ個別な背後の問題が観察されます。そして最後は家族という問題に収斂されます。

ここで強調したいのは、両親が主体的に家族の回復のために取り組まないことが、子を不安にさせるという点です。親が問題解決に取り組まないことは、子にとって家族の解体以上に怖い経験なのでしょう。無為が子に与える影響に親は気づく必要があります。

しかしながら、常に家庭問題はどの家庭にも複数存在しています。複数の問題が存在すること自体が自然であり、問題がないほうが不自然です。なぜなら家族も発達していますので、初めて体験することばかりの毎日で、発生した問題にもうまく対処できない場合が多いからです。しかし多くの家庭は両親を中心に家族回復に取り組んでいます。たとえうまく対処できないとしても。

不登校の子の多くは家族回復を願い、問題を社会化するために不登校という行為を選ぶようです。その目的は父親を呼び寄せるという理由があるように私は思います。結果、多くの場合、父親が立ち上がることで問題は解決されます。A男の父親は「家族が変わった気がします。前にもまして家族間にコミュニケーションがとれるようになった」、B子の父親は「妹たちにもよい影響が現れはじめ、家には笑い声が響くようになった」と述べました。そして「いちばん変わったのは両親ではないかな、おやじが変わったよ」とC男が述べています。家族が回復するというプロセスに、子を育てる親の苦労と家族を育てる子どもの苦労という側面があるのです。

11・4　社会的存在としての自己

不登校を経験した子らの社会的自己の存在は、A男の事例やO男・R子・S男・T子・U男のその後を見ても明らかでしょう。彼らは自己の経験を肯定的にとらえ、その経験を社会のために役立てようと対人援助職に就き、あるいは就こうと努力しています。私の周りには子だけではなく、不登校の解決の経験から自分自身を成長させ、立派な対人援助職に就いている母親や、就こうと努力している父親が多数います。

現代社会の能力至上主義のひずみのなかで、矛盾や理不尽さを痛いと感じる感性をもつ人ほど、不登校などの社会的不適応状態を示してしまいます。もし、矛盾や理不尽さに葛藤や矛盾を感じることがなければ、人を押しのけて自己を確立することができたかもしれません。時代はまさに能力主義ですから。そうした時代の波に乗り遅れたり、疲れたり、横滑りして放り出されたりした人々は、自分なりの波を探さなくてはなりません。そうでないと沖に流されて大海をさまようことになるからです。

不登校の子の大半が学校に戻りたいと話しています。一人で大海を漂うのはいやなのです。孤独ですし、不安ですし、何のために生きているのか希望も見えなくなってしまいますから。だから必死に助けを求めています。その方法が引きこもりだったり、昼夜逆転だったり、家庭内暴力だったり、反抗的態度だったりしても。

そうしたなかで父親が手を差し伸べて「お前は社会に必要とされているのだ」と言い切り、「お父さんが見守っているから大丈夫」と言って時代の波に乗せてあげたら、子はきっと内心ほっとするでしょう。たとえ行きたくないとわめいても、玄関にしゃがみ込んで動かなくとも、毒づいて汚い言葉を言っても、内心はほっとしている場合が多いものです。そして勇気が出て、大海原に漕ぎ出せるのです。そのとき父親のそばで母親がやさしく笑みを浮かべていれば子は勇気百倍。子の社会的存在としての自己とは、まず家庭から存在証明されることから確立されていくものなのです。その代表例がA男でありB子でありC男でしょう。音楽が好きなC男はバンドを組んで作詞・作曲、ギター演奏からボーカルまでこなし、ライブをおこなっているそうです。まさに時代の波に乗って「自己」を泳ぎきっています。

11・5　父親が限界を設定して価値を付与する、不登校解決における父親の役割

　言うまでもなく、家庭において父親は社会の代表です。ですから父親からの価値の付与は不登校の解決の必須条件です。「お父さんもお母さんも君が登校することが最善の方法だと考えるから絶対にあきらめない。君が社会に出ていくことを親の責任だと思っている」とV子の父親は繰り返しV子に言います。A男の父親は「父親としてできることはすべてした。卒業するようにしなさい」とA男に話します。B子は「お父さんやお母さんがうるさいから学校に行く」と言いながらも卒業して福祉系の大学に入学しました。V子もA男もB子も心の中で「ありがとう」と両親に言っているでしょう。もちろん母親も「お父さんありがとう」と感謝しているに違いありません。

　では、なぜ父親が限界を設定し価値を付与すると、子は変化するのでしょう。ここで考えてみましょう。まずV子の父親が述べた「絶対にあきらめない」「親の責任だと思っている」という二つのフレーズは、子に何を伝えたことになるのでしょうか。それらは時間と範囲を示す言葉です。つまり現実生活のなかで、父親は責任と行動と時間の範囲を明示したことになります。これが限界の提示です。「好きにしていい」「いつまでも待つ」は耳に聞こえがいいのですが、すべての決定と責任は子にある、と同義です。ときとして子はその言葉に見放された感や親の無責任を感じてしまうことがあります。ですから「絶対にあきらめない」「親の責任で」という父親の言葉にV子は親への信頼感やたくましさを感じ、自分が何をしなくてはならないのかを理解したのです。

繰り返しますが、親が不登校の問題の解決で何をしなくてはならないかを自己判断して実行することが、子が自己判断して実行する手本になるのです。親からの手本を見せられることで、子は、親にとって価値ある存在だと認識できるのです。そこでの父親の存在は大きいのです。

ただし父親が前面に出て解決に取り組むのが好ましいのは慢性型の初期・解放型・校内型・校外型の初期です。単親家庭でも父・母の両方の役割を意識しておこなうことで、解決は可能です。医療型でD男やK子らのような重篤な症状がある場合、また非行型で親子関係が崩れている場合は、親が強く出すぎると逆効果になることがありますので関係機関の指示に従ってください。いずれにせよ、子どもがどの型の不登校か関係者の意見を聞いて、ご両親が判断し、子どもとの信頼関係を取り戻し、子どもの希望を参考にして慎重に対処してください。健闘を祈ります。

あとがき

『不登校を解決する条件』という題の本書の趣旨は、不登校の解決が目的ではありません。不登校の解決は手段です。目的は開かれた可能性を手に入れて、その子らしい人生をその子が歩むことです。ちなみに、家族は不登校を解決するための手段ではありません。家族はそれ自体が目的です。家族であるために不登校を解決するのです。家族らしい家族であるために。

さらに、学校は不登校を解決することが目的ではありません。学校は学校であるために不登校を解決するのです。不登校の解決は学校であるための手段です。

不登校であるために自分らしく生活できなくなった子や、子が不登校であるために家族らしい生活ができなくなった家族や、子らが不登校であるために学校が教育の場でなくなってしまった学校のために、本書を著しました。

いま「教育」は最も重要な社会的課題です。それに異論を唱える人はいないでしょう。しかしながら焦眉の急務だからこそ百論百出の状態で、さまざまな情報で関係者が混乱をきたしてしまうこともあります。何が正しく何が正しくないか、が錯綜しているのです。子の状態も援助機関の援助もさまざまで、何をよりどころに判断していいのかわからなくなってしまう関係者がいるのです。そのため本書では不登校の型を示し、型によって対応が異なることを述べました。まだ十分に吟味できていないたたき台の類型です。

父親が強い意志と行動力をもつことで解決できる型の不登校があります。しかし父親が強く出ると悪化する型の不登校もあります。しかしそれも父親が無為でいいということではありません。父親の無為はときとして、子への存在否定のメッセージとなることがあります。

待つことが必要な不登校があります。しかし待っていては解決のチャンスを失ってしまう不登校もありますし、解決できる不登校もあります。その一方で解決できない不登校もあります。答えが出せる援助があります。しかしどのように頑張っても答えが見いだせない援助もあります。それがこの年齢の不登校の援助の特徴でしょう。

不登校の解決の条件とは、解決のなかに答えの見えない可能性も含まれるという条件を知っていただくことです。事例を挙げるまでもなく、途中経過には不登校の状態よりも悪い状況に遭遇することもあります。その瞬間に関係者は後悔することもあるでしょう。「やはり無理だったか」と。しかし振り返ってください。子どものことで真剣に、一途に、懸命に、無我夢中で取り組んだことがかつてあったか、と。やっても後悔し、やらなくても後悔するのなら、やって後悔したほうがよくはありませんか。たとえぶざまな結果でも、子は父親の真剣な姿から愛されていまがあることを知るはずです。

もう不登校の原因探しをやめませんか。そして他者を責めず、だからといって無為をせず、日常を振り返り、家庭生活と学校生活の両面から子の最善の利益のために、粛々と協働しませんか。

子の生活環境である大人が手を携え合いましょう。不登校は減らすことができます。不登校をなくすこともできます。まず手を携え合いましょう。

桜の花が散る朝に

編著者　石川瞭子

謝辞

本書を書くにあたって以下の方々に深謝申し上げます。まず本書を書くきっかけをつくってくれたA氏。A氏がいなければ本書は生まれなかったでしょう。A氏のひたむきな父親の子への思いが本書を書き上げる原動力となりました。次にB氏とその奥さん。この原稿は三年以上も前にできあがっていて、B氏と奥さんから出版への勇気をいただいていました。そしてC氏。C氏も出版へのお誘いを繰り返ししていただいて、多忙ななか、原稿を書いてくださいました。四者の氏名が公表できないのが本当に残念です。

次に共著者の西岡弥生氏と新井真理子氏。両者は私の大学の付属の相談室を運営しながら多忙な私の右腕となり、さらに原稿も書いてくれました。次に森裕子氏。私の十年に及ぶ勉強会に熱心に参加して、援助者としても実力をつけて今回の原稿を書いてくださいました。次に佐藤量子氏。佐藤氏は私の前任校の授業を引き継いだだけでなく、私の臨床哲学を深化させて原稿を書いてくださいました。次に辻孝弘氏。私の博士論文の研究のその後を調査していただき、本書への貴重な資料を添付してくださいました。

また、今回も青弓社の矢野恵二さんにお世話になりました。整理されたとはいえない原稿を預けて頼み込む私のわがままを聞いてくださいました。

最後に年老いた母へ。母は多忙な私のために新聞の切り抜きをして貴重な資料を集めてくれました。

このように皆様の善意に支えられて本書ができたことを報告します。ありがとうございました。

二〇〇七年六月三十日

編著者　石川瞭子

＊相談を受け付けます。お手紙かメールでお問い合わせください。

〒106-0047 東京都港区南麻布5-16-6
コウセイ広尾3階
創造学園大学「心と生活の相談室」内
メールアドレス soudan@souzou.ac.jp

＊体験記を受け付けます。1600字×10枚程度のワープロ原稿をお送りください。

送付先
〒101-0061 東京都千代田区三崎町3-3-4
青弓社

［著者略歴］

西岡弥生（にしおか・やよい）

神奈川県児童医療福祉財団の非常勤子育てアドバイザー、創造学園大学東京本部「心と生活の相談室」相談員
関心領域は、家族心理学、思春期保健、環境福祉

新井真理子（あらい・まりこ）

浦安市青少年センター非常勤相談員、創造学園大学東京本部「心と生活の相談室」相談員
関心領域は、思春期・青年期の家族関係

森 裕子（もり・ゆうこ）

日本家族カウンセリング協会ファミリーサポート・ルーム、かわぐち若者サポートステーション（若者自立支援センター埼玉）、メンタル・サポート「こころのみなと」などの臨床スタッフ
家族相談士・精神保健福祉士
関心領域は、ブリーフセラピーの考えを参考にして、引きこもり・不登校の問題をかかえる家族や環境の調整をすること

佐藤量子（さとう・りょうこ）

川崎医療福祉大学非常勤講師
関心領域は、思春期・青年期のカウンセリング、学校におけるスクールカウンセラーの活用、自閉症者とその家族への支援、対人援助職養成課程におけるグループワークの意義
共著に『学習に苦戦する子』（図書文化社）、『子どもの性虐待』（誠信書房）
論文に「障害者の青年期以降の療育システムについて」（「明治安田こころの健康財団研究助成論文集」第39号）

辻 孝弘（つじ・たかひろ）

国際基督教大学カウンセリングセンター、中央学院大学学生相談室、神奈川県スクールカウンセラーなどの非常勤相談員

[編著者略歴]
石川瞭子（いしかわ・りょうこ）
1948年、東京都生まれ
創造学園大学教授、臨床心理士、博士（社会福祉学）
著書に『不登校から脱出する方法』（青弓社）、『子どもの性虐待』（誠信書房）、共著に『「現場」のちから——社会福祉実践における現場とは何か』（誠信書房）、ほか

不登校《ふとうこう》を解決《かいけつ》する条件《じょうけん》　中・高生を中心に

発行　2007年7月23日　第1刷
定価　1600円＋税
編著者　石川瞭子
発行者　矢野恵二
発行所　株式会社青弓社
〒101-0061 東京都千代田区三崎町3-3-4
電話 03-3265-8548（代）
ホームページ http://www.seikyusha.co.jp
印刷所　厚徳社
製本所　厚徳社

ISBN978-4-7872-3274-8 C0036

石川瞭子

不登校から脱出する方法

本当は再登校を望みながらもそうすることができない子どもたちの心の悲鳴を真正面から受け止め、1000件ものサポート体験から導き出した解決方法を提示する実践の手引書。 1600円＋税

青木信人

「親になる」ということ

保護観察官の立場から、あるいは身近な家族とのふれあいのなかから、「親であること」の意味を問い直し、子どもとともに親も成長していくべきであることを提唱する。 1600円＋税

青木信人

「感情」をなくす子どもたち

「教育」という制度のなかで生き生きとした感情を枯渇させ、命を削る子どもたち。いじめから殺人まで、多発する少年犯罪の考察をとおして、子どもたちの現在を測定する。 2000円＋税

若林一美

自殺した子どもの親たち

わが子の自殺によって身を砕く衝撃と悲嘆におそわれ、絶望の淵に立たされる親たち。残された者はどう生きるべきなのかを模索する体験記などから、自殺の意味と死別の影響を考える。 1600円＋税